TRAGOEDIA MACBETHI

TRAGOEDIA MACBETHI

A Translation into Latin of
William Shakespeare's
The Tragedy of Macbeth,
as a Playscript in Prose

Translated by Mark D. Ball

With Detailed Explanatory Notes and Full Bibliography

Tragoedia Macbethi / Mark D. Ball
ISBN 9780578303277

CONTENTS

PREFACE

This book is a monolingual translation of Shakespeare's *Macbeth* into Latin. To enthusiasts of that ancient language, including students at the intermediate or advanced level, and teachers, I humbly offer this work as a tool for continuing to learn Latin through this well-known, timeless, and engrossing story told in a conversational style. The wide familiarity of *Macbeth* and the recognizability of its famous lines may catalyze faster comprehension of the Latin text and strengthen the reader's engagement.

Readers, with or without a copy of the play in English, will find a Latin-to-English dictionary and grammar reference helpful. The vocabulary and grammar cover the gamut from simple to complex, ordinary to esoteric, and casual to formal.

This translation corresponds closely to the First Folio of 1623, insofar as language differences allow, retaining the playscript format but adopting a prose structure. For the sake of intelligibility, some changes were necessary, though guided as they were by emendations of editors and interpretations by scholars from various eras, all of whom I reference.

In the course of this five-year project, with the goal of maximizing accuracy, I consulted histories, atlases, biographies, dictionaries, encyclopedias, treatises, and legal records from the centuries before, during, and after the reign of Elizabeth I, along with analyses and commentaries written by scholars of Shakespeare, Elizabethan England, ancient Rome, and various other subdomains of history, culture, religion, language, philosophy, science, and technology, as well as 19th-century translations of *Macbeth* into French and German. To those many savants, whose names appear later in this book, I offer both my thanks and my admiration.

The writings of ancient Latin authors, such as Cicero, Vergil, Pliny, Ovid, Lucretius, Tacitus, Curtius, Augustine, and Vitruvius, helped to clarify points of word-meaning or syntax at different times in the evolution of the language when it was at the zenith of its use and influence.

In the appendices, I explain my reasoning, from the starting point of interpreting Shakespeare's ambiguous, obscure, or otherwise challenging words and passages — including expressions for which the Romans had no equivalents — to the final step of translating them into Latin.

There are, in this work, two kinds of Latin expressions for which I have no right to claim translation credit. The first comprises those that Shakespeare himself customarily uses in his scripts, such as act and scene designations, and stage directions. The second consists of proper names. To favor authenticity, I adopt Latin names for persons and places appearing in historical sources, mostly older, all of which I cite.

Despite the passing of so many decades, or perhaps because of it, I must acknowledge my two high-school Latin teachers for jumpstarting my lifelong interest in the language. Mrs. Donna King's colorful humor and mnemonic devices made memorizing words and phrases easier by leaps and bounds. And Miss Nancy Durr's generous gift to me of her own 1911 copy of Harry Burton's *A Latin Grammar* on the last day of class has not only aided my study across the decades but has also proven indispensable to this *Macbeth* project.

It is my hope that this book illustrates, as many others have done, the peculiar adaptability and precision of Latin as an enduring language for communicating ideas from the simplest to the most sophisticated, even in — or especially in — today's hyperutilitarian world. The hardiness of this language, from Old Latin of the Roman Republic, through Classical Latin of the Roman Empire, followed by Medieval Latin, Renaissance Latin, Neo-Latin, and finally Contemporary Latin, with its various scientific, academic, legal, and ecclesiastical domains, bespeaks a uniqueness worthy of much more than casual indifference. If it is not true that *omnia vetera novantur*, then perhaps *dignissima ex veteribus noventur.*

MARK D. BALL
Chicago, Illinois
October 2021

DRAMATIS PERSONAE

DUNCANUS, *Rex Scotiae*

MILCOLUMBUS
DONALBANUS — *filii Duncani*

MACBETHUS
BANQUHO — *thani, duces in exercitu regis*

MACDUFFUS
LEVINIUS
ROSSIUS
TAICHIUS — *thani, proceres Scotici*
ANGUSIUS
CATHANESIUS

FLEANCHUS, *filius Banquhonis*

SIVARDUS, *Comes Northumbriae, dux exercitus Anglici*

SIVARDUS IUVENIS, *filius Sivardi*

SETONIUS, *fabricensis Macbethi*

PUER, *filius Macduffi*

MEDICUS ANGLICUS

MEDICUS SCOTICUS

SERVIENS-AD-ARMA

OSTIARIUS, *in castello Macbethi*

SENEX

DOMINA MACBETHA

DOMINA MACDUFFA

MINISTRA DOMINAE MACBETHAE

HECATA

SAGAE TRES, *Sorores Faticanae*

SAGAE ALIAE

SPECTRA

DOMINUS, *sine nomine*

HOMICIDAE TRES, *Banquhonis*

HOMICIDAE, *Dominae Macduffae filiique*

MINISTRI, NUNTII, SERVI, TRICLINIARCHES, MILITES

LOCUS

In extremo actu quarto, in Anglia; per reliquum fabulae, in Scotia.

ACTUS PRIMUS

Scaena Prima
I.1

*Locus desertus. Tonitrus et fulgur.
Ingrediuntur sagae tres.*

SAGA PRIMA

Quando rursum tres
conveniemus? In tonitru, fulgure,
aut pluvia?

SAGA SECUNDA

Postquam tumultus finem cepit.
Post cladem et victoriam.

SAGA TERTIA

Illud ante solis occasum erit.

SAGA PRIMA

Ubi est situs?

SAGA SECUNDA

In ericeto[1].

SAGA TERTIA

Ad Macbethum conveniendum.

SAGA PRIMA

Venio, Grimalkina[2].

SAGA SECUNDA

Bufo vocat.

SAGA TERTIA

Statim.

OMNES

Pulcher turpis est, et turpis pulcher
est. Per nebulam et aerem
foetidum volitamus.

Exeunt.

Scaena Secunda
I.2

*Castrum prope Forresiam.
Classicum canitur. Ingrediuntur Rex
Duncanus, Milcolumbus,
Donalbanus, Levinius, cum
comitatu, invenientes Servientem-ad-
arma qui sanguinem fundit.*

DUNCANUS

Quis illic fundens sanguinem est?
Vulnera significant eum nuntium
recentissimum de rebellione
habere.

MILCOLUMBUS

Serviens-ad-arma est, qui, miles
verus et animosus, obstitit ne
captus sim. Salve, amice fortis.
Narra regi quomodo proelium
procedebat tum cum ex eo
discessisti.

SERVIENS-AD-ARMA

Victor non emergebat. Exercitus
tanquam duo natatores fessi
cohaerebant dum alius alium
strangulabant. Illi Macdonaldo
immisericordi — idoneo parti
rebellantis quia sua improbitas
innata rebellionem invitat —
conducticii Hibernici[1] de Aebudis
se coniunxerunt. Fortuna in
morem meretricis quae clienti
indulget causam damnatam[2] eius
favebat, sed auxilium par non erat.
Macbethus fortis — bene dignus illa
fama — Fortunam neglexit. Quasi
in maxima gratia Fortitudinis ipsius
esset, semitam prorsum secuit,
vibrans ferrum quod vaporem
sanguine emittebat, donec coram

servo stetit. Sine moribus militaribus, eum incidit ab umbilico ad maxillas et in summo pinnarum nostrarum caput fixit.

DUNCANUS

Cognatus fortis. Dignus nobilis.

SERVIENS-AD-ARMA

Velut vere incipienti erumpunt et procellae quae naves confringunt et tonitrus horrifici, quod tempus anni videtur amoenitatem afferre, sic nuntium malum optato potest succedere. Ausculta, Rex Scotiae, ausculta. Simul ac nostri viri fortes, iuste propugnantes, hos mercenarios se recipere coegerunt, rex Norvegiae opportunitatem vidit et impetum novum fecit cum armis tersis et supplemento integro.

DUNCANUS

Nonne illud animum nostrorum ducum, Macbethi et Banquhonis, infregit?

SERVIENS-AD-ARMA

Veluti passeres aquilas terrent, vel lepus leonem. Gratia veri, debeo nuntiare eos fuisse similes tormentorum[3] paratorum duplo pulvere. Bis tanto vi in hostem pugnaverunt, tamquam cupiverint aspergi sanguine ex vulneribus, aut locum pugnae facere tam memorabilem quam est Golgotha. Nescio — sed languesco. Vulnera mea curationem requirunt.

DUNCANUS

Tuum nuntium et tua vulnera tibi aeque honorifica sunt. Ad medicum eum abduc.

Ingrediuntur Rossius et Angusius.

Quis venit?

MILCOLUMBUS

Thanus honestus Rossius.

LEVINIUS

Vultum habet viri qui nuntium mirum fert.

ROSSIUS

Sospitet regem Deus.

DUNCANUS

Unde venisti, Thane digne?

ROSSIUS

De Fifa, Rex Magne, ubi vexilla Norvegica coelum insultant et populum nostrum conterrent. Norvegiae Rex ipse, cum bellatoribus numero formiduloso, ab illo proditore perfidissimo Thano Calderiae adiutus, proelium ominosum incepit, donec sponsus Bellonae, ab armis periclitatis accinctus, ei se opposuit qualitatibus aequis, mucrone versus mucronem, comminus pugnans, feritatem eius frenans. Uno verbo, vicimus.

DUNCANUS

Euge!

ROSSIUS

Et nunc Rex Svanus Norvegiae indutias petit. Nisi quantitatem pependerit parem decem milibus thalerorum[4], in Insula Sancti Columbae, ad utendum generaliter nobis, non sinemus ut mortuos humet.

DUNCANUS

Ille Thanus Calderiae nostram fidem intimam non amplius decipiet. Procede et pronuntia eius mortem praesentem.

ROSSIUS

Curabo ut id fiat.

DUNCANUS

Id quod Calderius amisit
Macbethus meruit.

Exeunt.

Scaena Tertia
I.3

*Ericetum. Tonitrus. Ingrediuntur
sagae tres.*

SAGA PRIMA

Ubi fuisti, soror?

SAGA SECUNDA

Sues caedebam.

SAGA TERTIA

Soror, ubi tu?

SAGA PRIMA

Uxor nautae castaneas in gremio
habebat, et manducabat, et
manducabat, et manducabat.
"Mihi da", dixi. "Apage, venefica",
exclamavit mulier scabiosa et
natibus pinguibus[1]. Maritus eius ad
Beroeam profectus est, nauarchus
Tigris. Sed in cribrum illuc
navigabo, et, in forma muris sine
cauda, eum vexabo etiam atque
etiam.

SAGA SECUNDA

Ventum tibi donabo.

SAGA PRIMA

Benigna es.

SAGA TERTIA

Et ego tibi alium.

SAGA PRIMA

Ipsa ventos ceteros guberno,
portus ipsos ubi flant, ac omnes
partes chartae marinae. Virum
impediam quominus quicquam
bibat ad eum faciendum tam
siccum quam faenum. Somnus
eum evitabit. Vivet sub
exsecratione. Contabescet noviens
novenas hebdomades et
defetiscetur. Quamquam sua
barca perdi non potest, procellae
eam afflictabunt. Aspicite id quod
habeo.

SAGA SECUNDA

Monstra mihi.

SAGA PRIMA

Pollicem habeo gubernatoris, fracti
dum domum revertitur.

*Pulsatio tympani inanis in
parascaenio.*[2]

SAGA TERTIA

Tympanum, tympanum.
Macbethus appropinquat.

OMNES

Sorores faticanae, manibus iunctis,
viatrices celeres maris et terrae, in
circuitu se movent, ter te versus, ter
me versus, et ter rursus, ad novem
ambitus perveniendos. Consistite!
Cantamen paratum est.

*Ingrediuntur Macbethus et
Banquho.*

MACBETHUS

Diem tam pulchrum et turpem
non vidi.

BANQUHO

Quot milia passuum distat
Forresia? — Quae sunt hae, tam
rugosae et ferae vestitu, quae
habitum incolarum terrae non

habent, sed tamen in ea stant? —
Estis animantia quae
interrogationes intellegunt et
responsa dant? Digitis fissis ad
labra tenuia positis, me videmini
intelligere. Feminarum similes
estis, sed barbas habetis.

MACBETHUS
Loquimini, si potestis. Quid estis?

SAGA PRIMA
Salvus sis[3], Macbethe. Ave, Thane
Glammis.

SAGA SECUNDA
Salvus sis, Macbethe. Ave, Thane
Calderiae.

SAGA TERTIA
Salvus sis, Macbethe, rex future.

BANQUHO
Domine, cur consternatus es? Cur
metuis id quod tam faustum
videtur? — Verum dicite. Estis
formae menti obiectae, aut estis
revera sicut videmini? Meum
socium nobilem appellatione
praesenti salutavistis. Tum novum
honorem vaticinatae estis cum spe
regni, et nunc videtur in cogitatione
defixus esse. Nihil mihi dicitis. Si
reapse res futuras potestis aperire,
si scitis qui fortunam prosperam
habebit et qui non, tum mihi dicite.
Beneficia vestra et odium vestrum
neque peto neque timeo.

SAGA PRIMA
Salve.

SAGA SECUNDA
Salve.

SAGA TERTIA
Salve.

SAGA PRIMA
Minor quam Macbethus, et maior.

SAGA SECUNDA
Minus felix, tamen multo beatior.

SAGA TERTIA
Reges generabis, quamquam nemo
eorum eris. Salvete, Macbethe et
Banquho.

SAGA PRIMA
Macbethe et Banquho, salvete.

MACBETHUS
Consistite. Mihi narrationem non
integram exprompsistis. Mihi
amplius dicite. Scio me Thanum
Glammis esse propter mortem
Sinelis, patris mei. Sed quomodo
Calderius factus sum? Thanus
Calderiae vivit, vir ingenuus[4] et
fortunatus. Fieri non potest ut ego
rex fiam vel Thanus Calderiae sim.
Quid fons est huius nuntii miri?
Cur iter nostrum in hoc ericeto
vasto interrupistis ad has
vaticinationes nobis dicendas?
Respondete.

Vanescunt sagae.

BANQUHO
Terra et aqua in bullas se vertunt
quae rumpuntur, et haec animantia
aliquid simile faciunt. Quo
evolaverunt e conspectu?

MACBETHUS
In aerem. Ea quae corporalia
videbantur evanuerunt velut halitus
in ventum. Utinam mansissent.

BANQUHO
Utrum revera praesentia fuerunt,
an mentum compotes non sumus?

MACBETHUS

Liberi tui reges erunt.

BANQUHO

Tu rex eris.

MACBETHUS

Et Thanus Calderiae quoque. Nonne id quod dixerunt?

BANQUHO

Ita dixerunt. — Quis venit?

Ingrediuntur Rossius et Angusius.

ROSSIUS

Nuntium de tuo successu regi perplacuit, Macbethe. Cum animadverterit[5] periculum quod in pugna adversus rebellantes subiveras, admiratio et laus certant quid tuum debeat esse et quid suum. Lingua retunsa ab hoc[6], legit litteras de proelio reliquas illo die, te non metuentem inveniens inter Norvegianos feroces[7] plurimam mortis imaginem[8] quam feceras. Nuntia crebro adveniebant, et quidque fortitudinem tuam in bello regni causa laudavit.

ANGUSIUS

Gratiam sed non praemium ferentes, tantummodo venimus ad te reducendum ad regem.

ROSSIUS

Me iussit te Thanum Calderiae pro se appellare, quo nomine rex tibi honorem etiam maiorem pollicetur. Salve, Thane dignissime, quia hoc nomen tuum est.

BANQUHO

Quid? Potest diabolus verum dicere?

MACBETHUS

Thanus Calderiae vivus est. Cur me suo nomine appellas?

ANGUSIUS

Qui fuit Thanus Calderiae etiam vivus est, etsi capitis damnatus. Et mortem promeret. Nescio utrum cum Norvegianis pugnaverit, an rebellantes occulte adiuverit, an ambobus se coniunxerit. Sed crimina maiestatis, quae is confessus est et quae probata sunt, eum condemnaverunt.

MACBETHUS

[*Seorsum*] Thanus Glammis Thanusque Calderiae, sicut exposuerunt. Optimas ex vaticinationibus nondum vidimus. — Vobis gratias ago pro nuntio. — Nonne speras ut filii reges fiant, quoniam sagae quae me thanum fieri vaticinatae sunt nihil inferius eis promiserunt.

BANQUHO

Si eas absolute credamus, tum fortasse non solum thanus verum etiam rex fies. Sed haec res suspicionis causam praebet. Mali legati saepe fiduciam nostram per vera levia adipiscuntur, sed posterius cum incommodum damnosissimum erit nos produnt. — Domini, tribus vos verbis volo.

MACBETHUS

[*Seorsum*] Evenerunt duae vaticinationes. Hae videntur prologum constituere fabulae quae cum regnum mihi transmoveatur desinet. — Domini, vobis gratias ago. [*Seorsum*] Haec sollicitatio extranaturalis neque mala neque bona esse potest. Si mala sit, tum cur mihi dignitatem pollicita est quae vera evenit? Thanus Calderiae sum, sicut sagae vaticinatae sunt. Si autem haec sollicitatio bona sit, tum cur afflictant cogitata horrifera animum meum quae comas erigunt et intra pectus faciunt ut cor praeter naturam saliat? Horrores animo concepti quam timores veri graviores sunt. Ipsa cogitatio caedis, etsi tantum animo efficta, unitati meo minitatur corporis animique, et imaginatio me debilitat. Solum id quod in animo fit verum videtur.

BANQUHO
Animadvertite. Macbethus omnino sui oblitus est.

MACBETHUS
[*Seorsum*] Si fatum vult ut rex fiam, tum fatum diadema capiti meo imponet, sine auxilio ab me.

BANQUHO
Nondum Macbethus novis honoribus assuetus est. Velut vestimenta, non apte conveniunt donec aliquamdiu gesti sunt.

MACBETHUS
[*Seorsum*] Tempus procedit per turbulentissimos etiam dies, quidquid futurum est.

BANQUHO
Digne Macbethe, tuo arbitratu parati stamus.

MACBETHUS
Mihi ignoscite. Animus meus rebus oblitteratis distractus est[9].

Nobiles benigni, quandocunque in mentem haec dies venit, recordabor ut pro me nixi estis. Ad regem eamus. — Meditare id quod hodie evenit, et colloquemur simpliciter post satis temporis utrique nostrum ad cogitandum.

BANQUHO
Libenter.

MACBETHUS
Usque ad illud tempus, sat diximus. — Venite, amici.

Exeunt.

Scaena Quarta
I.4

Sonitus excelsus tubae. Ingrediuntur Rex Duncanus, Levinius, Milcolumbus, Donalbanus, et ministri.

DUNCANUS
De Calderio supplicium sumptum est? Nonne illi revenerunt quibus mandatum dedimus?

MILCOLUMBUS
Non revenerunt, Supreme. Sed cum quodam qui Calderium spectaverat mori collocutus sum. Mihi dixit ut Calderius aperte perduellionem suam fassus erat, veniam imploraverat Sublimitatis Vestrae, et paenitentiam magnam ostenderat. Mors eum decuit melius quam quidvis aliud vitae. Mortuus est tanquam mortem suam meditatus esset et rem carissimam ab eo debitam, quasi minutam, abiecisset.

DUNCANUS

Vultus non est animi index. Calderius nobilis erat cui absolute fisus sum.

Ingrediuntur Macbethus, Banquho, Rossius, et Angusius.

Cognate dignissime, etiam nunc conscius mihi culpae eram propter gratiam haud sufficientem quam tibi egeram. Tam cito tanta confecisti ut te pariter remunerari non possem. Si minus praemium meruisses, tum solutio gratiasque meae cum merito tuo pares fuissent. Nil dicendum superest nisi ut id quod tibi debitum est facultatem meam solvendi mergit.

MACBETHUS

Obsequium et observantia quae debeo praemium per se fiunt cum ea facio. Officium Magnitudinis Vestrae est accipere id quod tibi debemus. Munera nostra tibi regnoque sunt; liberi et famuli sunt qui secundum officia sua constanter agunt gratia caritatis honorisque tui.[1]

DUNCANUS

Te libenter accipio. Te dicens Thanum Calderiae, ego te ipsum ita sevi tamquam plantam, et dehinc faciam ut crescas. — Banquho bone, non minus meres quam Macbethus, et nemo de te nesciat. Sine me te amplecti et diligere.

BANQUHO

Si quidem crescam, tum tuus sit fructus.

DUNCANUS

Tam laetus sum ut lacrimer. Filii, cognati, thani, et omnes familiarissimi, declaramus filium nostrum natu maiorem, Milcolumbum, regni heredem esse, quem posthac Principem Cumbriae dico. Milcolumbus autem non unus honorabitur, at vestrum omnibus merentibus nomina nobilitatis velut astra affulgebunt. — Ad arcem tuam Innernessae proficiscamur ut amicitiam nostram confirmemus.

MACBETHUS

Quies quae tibi non servit onerosa est. Antecedam ut ad uxorem meam laetum nuntium de veniendo portem. Summisse abeo.

DUNCANUS

Calderie digne.

MACBETHUS

[*Seorsum*] Princeps Cumbriae. Si non hoc impedimentum potestati meae transiliam, tum re omnino desistere debeo. Astra, nolite illuminare in animo meo cupidines nefarias. Quamquam non permittam ut oculus id quod facit manus videat, manus tamen factum, quamvis terrens sit, exsequetur quod agendum est.

Exit Macbethus.

DUNCANUS

Vero, Banquho digne. Macbethus, ut dicis, fortis est. Res quae eum commendant, sicut cibus potusque in convivio, me explent. Eum sequamur, profectum ad salutationem nostram apparandam. Cognatus incomparabilis est.

Clangor tubae. Exeunt.

Scaena Quinta
I.5

Ingreditur Domina Macbetha, sola, litteras legens.

DOMINA MACBETHA
"Sagae me die victoriae meae convenerunt, et postea, relatu comprobante praevalide, didici has scientiam extranaturalem possidere. Cum vehementer eas interrogare conatus sum, sibi aerem creaverunt[1] et in eum evanuerunt. Dum stupore steti, advenerunt rege nuntii[2] qui me Thanum Calderiae salutaverunt[3], quo nomine sorores faticanae me prius consalutaverant, deinde mihi dicentes, "Salvus sis, rex future". Puto ut tibi hoc nuntium narrare prodesset, mea carissima socia in magnitudine, quod deinde magnitudine tibi ventura potueris gaudere. Accipe severitatem[4], et cura ut valeas." — Thani Glammis Calderiaeque es, et rex eris, secundum promissum. Te autem propter ingenium tuum de eo quod contra naturam est extimescere credo[5], et te igitur celeritate deliberata agere non posse. Potentiam exoptas et ambitionem non cares, sed parum durus es. Vehementer optatum iuste adipisci vis, sine dolo, etiamsi id quod consequeris inique

caperes. Aliquid cupis, Magne Glammis, quod exclamat, "Hoc a te agendum est", si id adepturus sis. Atque metus impedit ne tu ipse sis qui facinus necessarium facturus est, quamquam vis ut faciatur.[6] Propera ad me ut te movere possim ac depellere quodcunque te diadema consequi prohibet, id quod et fatum et potestates extranaturales tuum esse volunt.

Ingreditur nuntius.

Quod nuntium fers?

NUNTIUS
Rex hac nocte huc venit.

DOMINA MACBETHA
Tu illud dicens mente captus es. Nonne dominus tuus cum eo est? Atque, si rex veniat, nonne ad comparandum me certiorem faciat?

NUNTIUS
Reverenter tibi dico ut verum est. Venit thanus noster. Ante eum accelerabat nuntius alius qui ita anhelus advenit ut vix nuntium dicere posset.

DOMINA MACBETHA
Illum diligenter cura. Nuntium optimum affert.

Exit nuntius.

Raucus est corvus ipse qui crocitando ingressionem fatalem Duncani[7] in castellum meum adnuntiat. Daemones, venite, qui cogitationes caedis attendunt, detrahite sexum meum[8], et me implete truculentissima crudelitate

a capillis usque ad ungues.
Crassum facite sanguinem meum,
et occludite canalem meam ne
dolorem ortum ex culpa sentiam,
et ut nulla visitatio naturalis[9]
afferens conscientiae morsum
subvertat consilium meum
immisericors vel effectum eius
impediat. Venite ad mammas
meas et vertite lac in bilem, vos
ministri necantes, ubicumque, in
formis invisibilibus, naturae
perturbationes exspectatis. Veni,
nox densa, et te involve fumo
fuscissimo Inferni, ut nec culter
acutus meus vulnum quem facit
videat, nec Caelum me spectet per
tegmentum tenebrarum et clamet,
"Desine!"

Ingreditur Macbethus.

Magne Glammis, digne Calderi,
maior ambobus posthac ob
consalutandum, litterae tuae me
portaverunt extra hoc vestigium
temporis quo illa quae futura sunt
scire non possumus, et nunc
futurum in hoc ipso tempore
sentio.

MACBETHUS

Carissima mea, huc Duncanus hac
nocte venturus est.

DOMINA MACBETHA

Et quando excedet?

MACBETHUS

Cras, ut in animo habet.

DOMINA MACBETHA

Numquam veniet ille dies. Quasi
liber, itidem facies tua, Thane mi.
Eis qui eam legunt inusitata
cogitata potest retegere. Ad eos

decipiendos, opus est ut vultum
eorum simules. Offer
hospitalitatem oculo, manu, et
lingua. Praebe speciem floris
innocentis, sed es serpens subter.
Rex venit et curandus est. Manda
mihi rei administrationem huius
noctis, quia id quod accidit
potestatem nobis infinitam per
reliquas aetates nostras adipiscetur.

MACBETHUS

Postmodum plura dicamus de hac
re.

DOMINA MACBETHA

Praebe speciem innocentiae. Si
metuas, vultus tuus mutabitur[10].
Manda mihi reliqua.

Exeunt.

Scaena Sexta
I.6

*Clariligna[1] et faces. Ingrediuntur
Rex Duncanus, Milcolumbus,
Donalbanus, Banquho, Levinius,
Macduffus, Rossius, Angusius, et
ministri.*

DUNCANUS

Hoc castellum situm iucundum
habet. Sensibus nostris aer leviter
suaviterque placet et eos
tranquillos reddit.[2]

BANQUHO

Quia hic nidificat[5] haec avis aestiva,
hirundo[4], quae templa frequentat[3],
fieri non potest ut aurae odore
dulces non sint. Nulla ecphora[6]
est, nullus zophorus[7], nulla anteris,
nullus angulus opportunus[8], ubi

haec avis nidum pensilem ad
procreandum non facit.
Animadverti aerem iucundum esse
in locis quibus fetare et quae
frequentare malunt.[9]

Ingreditur Domina Macbetha.

DUNCANUS

Aspice hospitam nostram
egregiam! Interdum caritas a
subditis incommoda est, sed eam
pro caritate accipimus. Hoc
facientes, te docemus Deum rogare
ut nos praemium det pro molestia
quam tibi facessimus, quoniam ob
caritatem evenit.[10]

DOMINA MACBETHA

Omnia quae facimus, etiamsi
duplicata et duplicata iterum, nihil
prae honoribus magnis valent quos
Maiestas Vestra huic familiae
tribuit. Propter honores priores et
propter honores paulo ante
adiectos, pro te pergemus precari[11].

DUNCANUS

Ubi Thanus Calderiae est? Ei ad
praeveniendum instabamus[12], sed
celeriter equitat. Et amor magnus
suus, tam acutus quam calcar, ei
potestatem praeveniendi fecit.
Hospita venusta nobilisque, hac
nocte hospitalitatem tuam
accipimus.

DOMINA MACBETHA

Semper servi tui in promptu ad
inspiciendum arbitratu Maiestatis
Vestrae proprios suos, se ipsos, et
bona sua habent. Libenter porro
id quod tuum est tibi reddent.

DUNCANUS

Da manum tuam, et duc me ad

hospitem meum. Eum valde
diligimus, et ei favere pergemus.
Bona venia tua, hospita.

Exeunt.

Scaena Septima
I.7

*Clariligna et faces. Ingrediuntur
tricliniarches[1] famulique portantes
trans pulpitum fercula et omnia ad
mensam sternendam. Deinde
ingreditur Macbethus.*

MACBETHUS

Si finem capiat cum effectum est,
tum factum cito efficiatur.[2] Si hoc
parricidium ipsum posset modo
retis id quod erupturum sit
astringere, et si fine suo plura
pericula posset amovere[3], tum haec
plaga mortifera res universa evadet,
et in illa alea animas nostras in vita
quae mortem consequitur
deponemus[4]. Sed tamen ob
scelera talia poenae irrogatae sunt.
Violentia quam docemus revertitur
et nobis vim infert. Iustitia,
propter aequitatem, cogit ut nostro
ipsorum poculo venenato bibamus.
Duplex est fides mihi regis.
Primum, propinquus suus
subditusque sum, quae
necessitudines facinori faciendo
repugnant. Secundum, mei
tanquam hospitis munus est eum
protegere. Ipse eum non debeo
conari occidere. Praeterea,
Duncanus potentia tam clementer
usus est, tam honestus suo officio
magno fuit, ut virtutes suae modo

angelorum causam dicent quorum linguae caedem damnabilem reclamitant. Et misericordia, quasi infans nudus qui vento vehitur, vel quasi angeli alati[5] de Coelo in cursoribus invisibilibus aeris, de facinore horrendo vociferabitur ut lacrimae populi ventum sedent. Nihil habeo quod me stimulare potest praeter ambitionem salientem, sed illa se nimis extendendo extinguit.

Ingreditur Domina Macbetha.

Quid novi?

DOMINA MACBETHA

Cena ad finem prope venit. Cur a conclavi discessisti?

MACBETHUS

Me quaesivit?

DOMINA MACBETHA

Nonne scis ut ita est?

MACBETHUS

Longius in re ne progrediamur. Me nuper honoravit, et venerationem hominibus omnium generum adeptus sum. Hos honores dum recentes sunt frui volo. Nolo eos tam cito abicere.

DOMINA MACBETHA

Ebrius eras cum spem prae te ferebas? Exinde dormiebas? Et nunc de somno surgis, nauseans propter id quod inivisti potus? Dehinc pretium tui amoris sciam. Abhorres a facienda secundum voluntatem tuam? Exoptas praemium fulgens, decernens tamen homo timidus tua ipsius sententia vivere, et sinens ut timor cupiditatem opprimat, velut felis in proverbio quae piscem cupit sed madefacere pedes non vult?

MACBETHUS

Desine, oro te! Id quod virum decet audeo facere, sed qui plura audet facere haud vir est[6].

DOMINA MACBETHA

Quod animal fecit ut mihi consilium proposueris? Cum id ausus es facere, tunc vir eras. Et si fieres maior quam eras, magis etiam vir esses. Neque tempus neque locus opportunus erat, sed ad ambos ordinandos praesto eras. Nunc se ordinaverunt, sed timide ex hac occasione idonea recedis. Scio ipsa pietatem mammae dandae infanti. Etsi mihi arrideret, ex ore papillam meam vulserim et cerebrum eliserim, si me obligavissem sicut te obligavisses.

MACBETHUS

Et si nobis male procedat?

DOMINA MACBETHA

Male? Si te animosum esse adigas, coeptum nostrum bene procedet. Duncano dormiente — quia iter arduum hodie eum fatigaverit — cambellanos[7] vino convincam[8] ut memoria, custos cerebri, se in vaporem vertat et ventriculus rationis alembicum fiat[9]. Dum dormiunt ut porci, iacentes vino graves tanquam mortui, quid Duncano incustodito facere nequeamus? Quam culpam custodis temulentis assignare nequeamus? Hi ob caedem quam admiserimus culpabuntur.

MACBETHUS

Gigne solos liberos masculinos, quod ingenium tuum intrepidum debet nihil nisi mares creare. Si duos servos semisomnos sanguine inlinamus, et si pugionibus ipsorum utamur, nonne omnes existimabunt illos facinus fecisse?

DOMINA MACBETHA

Quis aliter audeat credere, dum Duncanum mortuum clare deflemus?

MACBETHUS

Nunc certum est mihi pertendere, et omni musculo corporis mei utar ad scelus exsequendum. I et hospitam comem te esse adsimula. Dissimula facie falsa animum falsum.

Exeunt.

ACTUS SECUNDUS

Scaena Prima
II.1

Innernessa. Ingrediuntur Banquho et Fleanchus, qui facem prae se tenet.

BANQUHO

Hora noctis quota est, puer?

FLEANCHUS

Luna occasa est. Horologium non audivi.

BANQUHO

Et media nocte occidit.

FLEANCHUS

Arbitror horam seriorem esse.

BANQUHO

Cape ferrum meum. In Caelo frugalitas hac nocte est; omnes candelas suas exstinxerunt. Cape etiam illud. Somni indigeo; corpus meus gravitatem quasi plumbeum sentit, sed somnum formido. Numina misericordia, precor ut somniis diris obsistatis quae me quiescentem vexant.

Ingrediuntur Macbethus cum servo facem portante.

Mihi dona ferrum meum. Quis venit?

MACBETHUS

Amicus.

BANQUHO

Nondum dormis, Domine? Rex in lecto est. Laetiorem animum habens, servis tuis largitiones magnas fecit. Hanc gemmam[1] uxori tuae muneratur quod tam comis est hospita. Ad cubiculum se felicissimus removit.

MACBETHUS

Imparati ad adventum regis, hospitalitas non erat par ei quam alioqui dare vellemus.

BANQUHO

Bene habet. De sororibus faticanis nocte proxima somniavi. Exactae de te fuerunt quaedam ex vaticinationibus.

MACBETHUS

Eas in animo non voluto. Cum hora subsiciva est, quaestionem excutiamus, si velis.

BANQUHO

Quandocumque praefers.

MACBETHUS

Si mihi faveas cum advenit hora,
honorem novum frueris.

BANQUHO

Si, eum amplificans, honoris mei
nihil deperdam, sed conscientiam
tranquillam et fidelitatem
manifestam conservem, tum
auscultabo.

MACBETHUS

Interim iucunde conquiescas.

BANQUHO

Tibi gratias, Domine. Tibi idem.

Exeunt Banquho et Fleanchus.

MACBETHUS

Dic dominae tuae ut tintinnabulum
feriendum sit cum potus meus
paratus est. I cubitum.

Exit servus.

Pugio est hic quem prae me video,
manubrio versus manum meum
obvertenti? Veni et permitte mihi
te capire. Te non habeo sed iam
te video. Nonne tangi potes, imago
ominosa, viderique? Aut es
tantum pugio mentis, mendacium
quod cerebro febriculoso meo
emanat? Te tamen video, non
minus solidum quam eum quem
hoc tempore educo. Viam
destinatam meam dirigis, et telum
quidem electum pugio erat. Oculi
mei sensibus ceteris falluntur, aut
visus meus solum certus est. Te
etiam nunc video, et in lamina
capuloque guttae cruoris sunt, quae
antea non erant. Hic pugio reapse

imaginarius est. Caedes quam
facturus sum in hanc fraudem me
impellit. Nunc dimidium mundi
dormit et somniis diris terretur.
Ars magica impia celebrat sacrificia
ritualia Hecatae. Caedes marcida,
lupo ululanti[2], custode, ad
agendum excitata, furtim ad
propositum modo phantasmatis
progreditur, cum sociis Tarquinii
habentibus in animo stuprum[3].
Solum solidum, ignora passus
meos et cursus eorum ne lapides id
quod sequor effutiant, ne hoc
tempore ad facinus idoneo mihi
obstent.[4] Dum ego minor is vivit.
Nimium loquendi constantiam
enervat.

Tintinnabulum sonat.

Eo et fiet; tintinnabulum me
invitat. Noli attendere, Duncane,
quod sonitus funebris est, te ad
Caelum aut Infernum arcessens.

Exit Macbethus.

Scaena Secunda
II.2

Ingreditur Domina Macbetha.

DOMINA MACBETHA

Id quod eos inebriavit me
impavida reddidit. Id quod eos
tranquillavit me fervore imbuit. —
Audi. Neglige id. Erat bubo qui
stridit, mortem nuntians et
severissime "quiesce molliter"
dicens. Hoc ipso tempore is id
facit, fores apertae sunt, et servi
ebrii mandatum stertendo irrident.

Tantum venenum lacti calido[1]
eorum addidi ut nunc in spatio
inter vitam mortemque fluitent.

MACBETHUS
[*Ex parascaenio*] Quis adest?
Heus!

DOMINA MACBETHA
Eheu, vereor ne experrecti sint
atque ut id factum sit. Coeptum
infectum nos perdet. – Heus! –
Pugiones expedivi ne eos
neglegeret. Si Duncanus
similitudinem patris mei vultu non
gessisset, id egissem.

Ingreditur Macbethus.[2]

Mi vir?

MACBETHUS
Facinus feci. Nonne strepitum
audivisti?

DOMINA MACBETHA
Bubonem stridentem et gryllos
clamantes audivi. Nonne locutus
es?

MACBETHUS
Quando?

DOMINA MACBETHA
Modo.

MACBETHUS
Degrediens?

DOMINA MACBETHA
Ita.

MACBETHUS
Audi. Quis in cubiculo secundo
dormit?

DOMINA MACBETHA
Donalbanus.

MACBETHUS
Species foeda haec est.

DOMINA MACBETHA
Stultum est appellare speciem
foedam.

MACBETHUS
Unus ex eis in somno risit, et alter
"caedes" clamavit, quo factum est
ut alter alterum ex somno
excitaverunt. Stabam et
attendebam, sed preces
conceperunt et iterum
obdormiverunt.

DOMINA MACBETHA
Duo viri in illo cubiculo
deversantur.

MACBETHUS
Alter exclamavit, "Benedicat Deus
nobis", et "Amen" dixit alter,
tanquam me manusque meas
carnificis vidissent. Audiens voces
territas, "Amen" proferre non
poteram postquam "Benedicat
Deus nobis" dixerant.

DOMINA MACBETHA
Noli cruciari.

MACBETHUS
Cur non poteram dicere "Amen"?
Mihi vehementer opus erat illo
beneficio, sed verbum "Amen" in
faucibus haesit.

DOMINA MACBETHA
Non nobis facta haec animo
volutanda sunt in tali sententia. Id
ad insaniam nos adiget.

MACBETHUS
Credidi me audivisse vocem quae
domui totae clamavit "Nolite
amplius dormire; occidit somnum
Macbethus, insontem," qui
manicam[3] retextam sollicitudinis
resarcit, somnum qui finem cuique

diei imponit, qui balneum leniens operariis est, solatium animo saucio, et ferculum summum in epulis vitae aptissimumque ad alendum.[4]

DOMINA MACBETHA
Quid dicis?

MACBETHUS
Totae domui plus etiam clamavit. "Nolite amplius dormire. Glammis somnum necavit, itaque Calderius non amplius dormiet — Macbethus non amplius dormiet."

DOMINA MACBETHA
Quis ita clamavit? Audaciam tuam, Digne Thane, animosam infirmas rebus cogitandis tam dementer[5]. Pete aquam et de manibus elue indicium foedum. Cur pugiones ex cubiculo tulisti? Necesse est ibi maneant. Revehe eos et illini cruorem servis dormientibus.

MACBETHUS
Non redibo. Quid feci timeo cogitare. Id iterum non audeo spectare.

DOMINA MACBETHA
Ignavus! Da mihi pugiones. Quasi tabulae pictae, itidem dormientes mortuique. Liberi solum imaginem pictam diaboli timent. Si sanguinem fundit, faciebus servorum hunc illinam ut sontes videantur.

Exit Domina Macbetha. Pultatio ex parascaenio.

MACBETHUS
Unde illa pultatio? Quid mihi contigit ut strepitus omnis me terreat? Cuius hae manus sunt? Oculos meos eruunt. Estne aqua satis in maribus Neptuni ad cruorem eluendum de manibus? Non est. Manus mea haud dubie maria vasta reddet coccina, faciens rubescere aquas virides.[6]

Ingreditur Domina Macbetha.

DOMINA MACBETHA
Manus meae et tuae eundem colorem habent, sed animum tam album habere me dedecoraret.

Pultatio.

Pultationem ab ostio australi audio. Ad cubiculum nos removeamus. Paululum aquae hoc factum eluet. Quam facile tunc erit. — Constantia tua te reliquit.

Pultatio.

Heus — plus pultandi. Indue tibi vestem cubicularem, quod fieri potest ut vocemur et non in lecto esse inveniamur. Et noli in cogitatione defixus esse.

MACBETHUS
Si facinus meum agnoscam, mihi opus est ne ingenium meum agnoscam.[7]

Pultatio.

Pultatione excita ex somno Duncanum; volo ut posses.

Exeunt.

Scaena Tertia
II.3

Ingreditur ostiarius. Pultatio ex parascaenio.

OSTIARIUS
Pertinax quidem pultatio. Si vir ostiarius Inferni esset, iterum atque iterum portam reseraret.

Pultatio.

Pultatio, pultatio, pultatio. Quis pultat, in nomine diaboli? Fortasse agricola est qui se laqueo suspendit, copiam exspectans; temperi advenisti[1]. Habe in promptu satis mappas; hic multum sudabis.

Pultatio.

Pultatio, pultatio. Quis pultat, in nomine diaboli alterius? Hercle, ecce eum qui verbis ancipitibus ludit, qui severitatem iustitiae subvertere posset, et qui causa Dei proditionem egit, sed qui ingressum in Caelum dicendo ambigue adipisci non poterat. Veni intro, mendax callide.

Pultatio.

Pultatio, pultatio, pultatio. Quis pultat? Ecce vestium artificem Anglicum huc transgressum qui pannos a bracis Gallicis furtim furabatur. Veni intro, bracarie, et calface ferramentum planum[2] tuum.

Pultatio.

Pultatio, pultatio. Numquam est pax. Quis es? Sed hic locus frigidior est quam ut inferorum regnum sit. Me ostiarium diaboli esse non diutius adsimulabo. Artis disciplinaeque omnis nonnullos admissurus essem, qui itinere florum[3] ad ignem sempiternum perveniunt.

Pultatio.

Statim, statim. Da, si placet, ostiario stipem.

Ingrediuntur Macduffus et Levinius.

MACDUFFUS
Cubitum ivisti, amice, tam multa nocte ut ex somno aegre hac hora consurgas?

OSTIARIUS
Domine, ad cantum secundum galli comissabamur. Et potus, Domine, res tres efficit.

MACDUFFUS
Quas res tres potus efficit?

OSTIARIUS
Nasos pingendos, Domine, somnum, et urinam. Venerem, Domine, efficit et opprimit. Libidinem excitat sed exsecutionem impedit. Potus, igitur, nimius adversus venerem potest mendax callidus appellari. Virum facit et perdit; stimulat et sedat; persuadet et dehortatur; facit ut surgat et ne surgat.[4] Potus, denique, ei ambigue in somno dicit, et, eum mingere faciens, ab eo exit.[5]

MACDUFFUS
Potum credo tibi priore nocte mendacium dixisse.

OSTIARIUS

Ita, Domine, et vehementer. Sed mendacium ultus sum, et, fortasse, praevalens viribus quam ille, tametsi me instabilem stando reddidit, motum utilem feci et eum vomui.[6]

Ingreditur Macbethus.

MACDUFFUS

E lecto dominus tuus surrexit? Pultatio nostra eum ex somno excitavit. Ecce eum.

LEVINIUS

Salve, Domine.

MACBETHUS

Salvete, vos ambo.

MACDUFFUS

Rex e lecto surrexit, digne Thane?

MACBETHUS

Nondum.

MACDUFFUS

Me die matutino advenire iussit. Prope tardus sum.

MACBETHUS

Te ad eum adducam.

MACDUFFUS

Scio ut incommodum laetum est hospitalitatem regi dare, etsi incommodum nihilominus.

MACBETHUS

Id quod libenter facimus curam abigit. – Ecce portam.

MACDUFFUS

Inibo. Officium meum assignatum est.

Exit Macduffus.

LEVINIUS

Proficiscetur rex hodie?

MACBETHUS

Proficiscetur. Consilium erat.

LEVINIUS

Nox procellosa erat. Deorsum per fumi emissaria[7] ubi dormiebamus flabat ventus. Ploratus in aere auditi sunt. Clamores insoliti mortis erant, et vaticinationes terribiles de tumultu et de casibus confusis recentibus[8] qui congruentes ad tempora turbulenta videntur. Stridebat perpetue avis ominosa per noctem. Aliqui terram tremuisse dicunt quasi febriculosa esset.

MACBETHUS

Aspera erat nox.

LEVINIUS

Similem in vita iuvene mea meminisse non possum.

Ingreditur Macduffus.

MACDUFFUS

O horror, horror, horror! Neque emitti neque concipi potes.[9]

MACBETHUS et LEVINIUS

Quid tibi est?

MACDUFFUS

Tragoedia pessima accidit. Caedes sacrilega templum Dei fregit et vitam eius ademit.

MACBETHUS

Quid dicis? Vitam?

LEVINIUS

Dicisne Maiestatem Regis?

MACDUFFUS

Venite ad cubiculum. Id quod ibi videtis vos in lapidem vertet. Nolite poscere ut dicam. Ite et aspicite. Dicite tum ipsi.

Exeunt Macbethus et Levinius.

Ex somno, ex somno. Facite tinnire campanam. Caedes et parricidium. Banquho et Donalbane. Milcolumbe. Ex somno. Excutite somnum suavem, mortis imaginem, et aspicite mortem ipsam. Consurgite et videte diem iudicii. Milcolumbe, Banquho, adsurgite tanquam ex sepulcris, et vadite modo umbrarum ut hunc horrorem aspiciatis. Facite tinnire campanam.

Campana sonat. Ingreditur Domina Macbetha.

DOMINA MACBETHA

Quid accidit ut talis tuba terrifica omnes dormientes in domu convocet? Dicite.

MACDUFFUS

Domina lenis, nuntium tibi non proferendum est. Haec verba feminae praehibita eam interemeret.

Ingreditur Banquho.

O, Banquho, rex noster interfectus est.

DOMINA MACBETHA

Heu! Quid? In domu nostra?

BANQUHO

Crudelissimum, ubique. Mi Duffe, precor ut dicta retractes et illa non vera esse dicas.

Ingrediuntur Macbethus et Levinius.[10]

MACBETHUS

Si hora prius mortuus essem quam id accisum est, vitam fortunatam agerem. Posthac, tamen, vita nihil dignum curando continet. Omnia minuta sunt. Mortua sunt claritudo beneficiumque. Vinum vitae defusum est et faex sola manet.

Ingrediuntur Milcolumbus et Donalbanus.

DONALBANUS

Quid perperam evenit?

MACBETHUS

Negotium tuum est, sed nescis. Sanguinis tuae saliens, fons, caput obturata sunt. Principium ipsum obturatum est.

MACDUFFUS

Pater regius tuus occisus est.

MILCOLUMBUS

Heu, a quo?

LEVINIUS

Custodes cubiculi eius id fecisse videntur. Manus faciesque suae illitae sanguine sunt. Item pugiones, quos haud tersos in cervicalibus invenimus. Oculis torpentibus, obstupuerunt. Vita neminis illis deberet credi.

MACBETHUS

Me paenitet irae quae me eos interficere coegit.

MACDUFFUS

Cur illud fecisti?

MACBETHUS

Quis simul sapiens, obstupefactus, tranquillus, furiosus, fidelis, et aequus esse potest? Nemo. Furor meus ratione opprimenda me impediebat quominus moram fecissem ad considerandum. Ibi iacebat Duncanus, cuius cutis albida virgata a sanguine erat tanquam texta reticulata. Vulnera videbantur spatia in natura ipsa per quae hostis irrumpere ad exitium facendum posset. Prope percussores erant, tincti coloribus artificii sui, dum pugiones cruore manabant. Quis se coercere posset qui amorem Duncano habebat et virtutem ad agendum causa amoris illius?

DOMINA MACBETHA

Succurrite, oro te!

MACDUFFUS

Curate dominam.

MILCOLUMBUS

[*Seorsum Donalbano*] Cur non dicimus, cum hoc negotium magis nostrum est quam cuiusvis?

DONALBANUS

[*Seorsum Milcolumbo*] Quid hic dicamus, ubi insidiat periculum a conspectu abditum in locis obscuris? Hinc abeamus. Nondum flere volumus.

MILCOLUMBUS

[*Seorsum Donalbano*] Neque hactenus maerorem nostrum radicitus sentiebamus.

BANQUHO

Curate dominam.

Exit Domina Macbetha, cum adiumento.

Postquam contra algorem nos vestivimus, conveniamus ad facinus cruentum considerandum. In praesentia, metus scrupulique nos vexant. Cum Deo consisto, et contra finem abditum perfidiosae huius malevolentiae pugnabo.

MACDUFFUS

Etiam quidem ego.

OMNES

Etiam quidem nos omnes.

MACBETHUS

Cito induamus arma, et in atrio conveniamus.

OMNES

Consensum est.

Exeunt omnes, exceptis Milcolumbo et Donalbano.

MILCOLUMBUS

Quid facies? Ne cum eis maneamus. Mendaci facile est dolorem adsimulare. Ad Angliam ibo.

DONALBANUS

Ad Hiberniam, ego. Tutiores erimus si nos disiungamus. Hic viri subridentes sicas occultant. Qui proximissimi cognatione in periculo maximo capitis sunt.

MILCOLUMBUS

Consilium interfectoris non perfectum est, et opus est ut periculum vitemus. Equos conscendamus et nunciam abeamus sine scrupulositate in valefaciendo. Cum absit misericordia, clam se subducere non est ignominiosum.

Exeunt.

Scaena Quarta
II.4

Ingrediuntur Rossius et senex.

SENEX

Bene septuaginta annos hos memini, quibus tempora dira resque insolitas vidi. Levia sunt praeterita illa prae rebus huius noctis.

ROSSIUS

Senior, caelos suscensentes genti humanae terris tempestates minari vides. Horologium lucem significat, sed nox solem strangulat. Terrae obscurae sunt quia nox dominatur aut lucem diurnam apparere pudet?

SENEX

Hoc naturae se impingit, ceu caedes haec. Die Martis[1] priore, bubo, qui venans mures plerumque iuxta terram volat, falconem adortus est et occidit in apice ipso volatus.

ROSSIUS

Et equi Duncani — quiddam inusitatum at verum — formosi et celeres, praestantissimi generis eorum, repente feri fiebant. Stabula fregerunt et ex eis eruperunt, parere nolentes quasi bellum generi humano inferrent.

SENEX

Aiunt ut alter alterum ederunt.

ROSSIUS

Hoc fecerunt, quod me obstupefecit. Id vidi.

Ingreditur Macduffus.

Ecce bonum Macduffum. Quo loco res sunt, Domine?

MACDUFFUS

Nonne vides?

ROSSIUS

Quivis scit qui facinus cruentum fecit?

MACDUFFUS

Quos Macbethus occidit.

ROSSIUS

Eheu, diem. Quid facinore faciendo exspectabant?[2]

MACDUFFUS

Corrupti sunt. Milcolumbus et Donalbanus, filii regis, fugerunt et se in suspicionem sceleris vocabant.

ROSSIUS

Alia quoque res praeter naturam. Ambitio prodiga est quae filium cogit patrem qui eum sustinet occidere. Regnum, igitur, videtur ad Macbethum transiturum esse.

MACDUFFUS

Iam electus est, et Sconam ad diadema accipiendum iit.

ROSSIUS

Ubi corpus Duncani est?

MACDUFFUS

Ad Ionam latum, sepulchretum sacrum superiorum eius et ubi ossa eorum conservantur.

ROSSIUS

Ibis Sconam?

MACDUFFUS

Non ibo, cognate. Fifam eo.

ROSSIUS

Ego ad Sconam.

MACDUFFUS

Videas res ibi bene actas esse. Vale. Nos oportet digredi siquidem tempora futura incommodiora prioribus evenerint.

II.4

ROSSIUS

Vale, senior.

SENEX

Te comitent beneficia Dei illosque qui bonum malo facere et inimicos in amicos vertere conentur.

Exeunt.

ACTUS TERTIUS

Scaena Prima
III.1

Ingreditur Banquho.

BANQUHO

Omnia nunc habes. Rex es, Calderius Glammisque, sicut vaticinatae sunt sorores faticanae, et vereor ne ad ea adipiscenda ludum foedum luderes. Dixerunt etiam posteros tuos non heredes regni futuros, sed immo vero me regum multorum patrem futurum. Si verum dicunt — sicut res se habet tibi, Macbethe — nonne possent de me vaticinia eorum evenire et spem meam incitare? St.[1] Sile.

Tubae occanunt. Ingrediuntur Macbethus rex, Domina Macbetha regina, Levinius, Rossius, domini, et ministri.

MACBETHUS

Ecce hospitem maximum nostrum.

DOMINA MACBETHA

Si eius obliti essemus, epulum magnum nostrum indecore locum inanem habuisset.

MACBETHUS

Hac nocte, Domine, epulum agemus, et praesentiam tuam rogabo.

BANQUHO

Sublimitas Vestra me iubeat. Officium meum est ut iussa tua oboediam, propter colligationem indissolubilem aeternamque.

MACBETHUS

Gestationem pomeridianam equo hodie facies?

BANQUHO

Ita est, Maiestas Vestra.

MACBETHUS

Aliter consilium bonum tuum, et serium et utile semper, hodie in curia regis[2] quaereremus. In crastinum opperiemur. Procul equitabis?

BANQUHO

Usque ad cenam equitabo, Domine. Nisi celeriter equus currat, potest ut adventurus sim noctis hora aut duabus.

MACBETHUS

Fac ne epulum praetereas.

BANQUHO

Maiestas Vestra, eum non praeteribo.

MACBETHUS

Cognatos nostros cruentos se transtulisse audimus in Angliam et Hiberniam. Parricidium crudele non confitentur, mendacia immo dicentes illis qui attendunt. Sed cras de illa re agemus cum alio negotio publico quod coniunctim intentionem nostram poscit. Te propera nunc ad equum. Vale donec hac nocte redeas. Tecum it Fleanchus?

BANQUHO

Ita est, Domine. Tempus nos abire cogit.

MACBETHUS

Equi celeriter currant stabiles pedis, et te dorsis eorum commendo.[3] Vale.

Exit Banquho.

Omnes faciant ut volunt usque ad horam undevicesimam[4]. Me usque ad cenam amovebo ut iucundior etiam conventus noster sit. Deus interea vobiscum.

Exeunt omnes, Macbetho et servo exceptis.

Puer, te tribus verbis volo. Nos illi exspectant?

SERVUS

Ita est, Domine, extra portas regiae.

MACBETHUS

Ad nos adduc eos.

Exit servus.

Esse ita, rex, sine incolumitate nullius est momenti. Metus noster Banquhonis alte haeret. In ingenio ipsius regali quaedam est virtus metuenda. Audax est, et prudentiam habet quae fortitudinem eius ad agendum tute dirigit. Neminem, excepto eo, timeo. Eo coram vituperatur genius[5] meus, tanquam Marci Antonii ab Caesare, ut fertur. Cum primo dixerunt ut rex futurus essem, Banquho sorores increpuit

et eas colloqui cum eo iussit. Tunc modo vatum eum pater generis regii consalutaverunt. Diadema infecundum capiti meo sceptrumque sterile in manu tenace mea posuerunt, quorum neuter heredi tradere possum. Haec erepturus est aliquis extra genus meum, nullo filio mei successuro. Si verum sit, tum causa filiorum Banquhonis animum meum contaminavi et Duncanum occidi. Poculum[6] quod continet pacem meam venenavi ipse, causa eorum solum, et animam[7] meam aeternam diabolo cessi ut filii Banquhonis reges fiant, ut successio paene infinita regum a Banquhone oriundorum fiat. Tantum abest ut hoc eventum fieri sinam, ut ad pugnam Fatum usque ad mortem provocaturus sim. — Quis venit?

Ingrediuntur servus et homicidae duo.

I ad portam et ibi mane donec te ad nos vocemus.

Exit servus.

Nonne heri iam collocuti sumus?

HOMICIDAE

Ita est, lubeat Magnitudini Vestrae.

MACBETHUS

Animo id quod dixi volutavistis? Eum noscite esse qui fecit olim ut vobis mala acciderent, quorum in me, etsi innocentem, culpam conferebatis. Vobis haec omnia priore colloquio edisserui. Cum vobis causa probandi recensebam quomodo decipiebamini et obsistebamini. Modos adversus te adhibitos demonstrabam, viros qui illis dolos fingebant, et reliqua omnia quae stupido aut dementi dicant "hoc fecit Banquho".

HOMICIDA PRIMUS
Nos scientes fecisti.

MACBETHUS
Ita feci et ultra processi, ad cardinem huius consilii secundi nostri. Patientes adeo estis ut omnia haec ignoscere possitis? Vobis adeo inculcatum est Evangelium[8] ut pro viro bono et liberis eius precemini, etiamsi dominatio ab eo vos in sepulchrum versus compellebat et in perpetuum familias vestras pauperabat?

HOMICIDA PRIMUS
Viri sumus, Supreme.

MACBETHUS
Certe. In nomenclatione, tanquam viri distribueremini, sicut canes venatici, vertragi, nothi, avicularii, congregandi, et aquatici, catelli villosi, et lycisci[9] omnes "canes" dicuntur. Sed distinguit index qualitatum celerem, lentum, astutum, custodem, venatorem, quemque secundum dona quae apud eum saepsit natura larga. Hoc ei discrimen ultra nomen ipsum affert. Res se ita viris habet. Si in illo indice locum humillimum non tenetis, dicite mihi. Tum opus praebebo cuius exsecutio inimicum vestrum amolietur et tibi amorem nostrum favoremque adiunget. Valetudo mea infirma est dum vivit. Eam firmam mors eius redderet.

HOMICIDA SECUNDUS
Vir sum, Supreme, quem colaphi vitae adeo irritaverunt ut id quod causa ultionis faciam nihil morer.

HOMICIDA PRIMUS
Et alius sum. Tam fessus calamitatibus sum, mulcatus malis, ut pignore vitam in conatu quovis deponerem ad eam meliorem faciendam aut ad eam finiendam.

MACBETHUS
Ambo scitis Banquhonem inimicum vestrum fuisse.

HOMICIDAE
Verum est, Supreme.

MACBETHUS
Is quoque meus est, tanto intervallo mortifero distans ut momentum temporis omne per quod vivit cor meum confodit. Quamquam eum palam amoliri possem et praedicare factum voluntatem meam secutum esse. Me tamen non oportet id facere, quoniam quidam amici inter nos communes sunt, quorum fidelitate mihi opus est. Mortem igitur non possum quin lugeam viri quem ipse percussi. Itaque opem vestram peto, celans de re publicum propter curas plures et urgentes.

HOMICIDA SECUNDUS
Quodcunque iubes, Supreme, nos pollicemur facturos.

HOMICIDA PRIMUS
Etiamsi vitae nostrae...

MACBETHUS

Animi tui elucent. Vobis dicam in hora locum in quo vos occultabitis, et tempus optimum, quia id hac nocte faciendum est, longe a regia. Mementote necessitatem meam suspicionis vitandae. Ut consilium sine erroribus procedat, mihi opus est ut Fleanchus, filius eius, qui illum comitabit, exitum eundem habeat. Absentia filii tam gravis quam patris est. Decernite secreto, et mox ad vos veniam.

HOMICIDAE

Decrevimus, Supreme.

MACBETHUS

Statim te sequar. Manete intus. Negotium factum est. Banquho, si anima tua ad Caelum itura sit, hac nocte ibit.

Exeunt.

Scaena Secunda
III.2

Ingrediuntur Domina Macbetha regina et servus.

DOMINA MACBETHA

De aula abivit Banquho?

SERVUS

Abivit, Domina, sed hac nocte revertetur.

DOMINA MACBETHA

Dic regi ut cum eo loquerer, commodo suo.

SERVUS

Oboedio, Domina.

Exit servus.

DOMINA MACBETHA

Nihil acquiritur et omnia deperdita sunt ubi optatum expletum non animi tranquillitatem importat. Occisus ipse esse satius est quam, emolumentis acquisitis sceleris, anxie degere.

Ingreditur Macbethus.

Hem, Domine. Cur solitudinem optavisti, cogitationes maestas solum habens pro comites, quibus pergis uti[1] etiamsi hae atque volutati simul mori debuerint? Illis quod non potest mutari non possumus quin acquiescamus. Res facta non infecta fieri potest.

MACBETHUS

Serpentem vulneravimus sed non interemimus. Sanescet et iterum serpens fiet, dentium suorum periculum redintegrans. Sed ante universitas dilabatur et Caelum terraque collabantur quam in metu cenabimus et per somnia nocturnos singulos exterrebimur. Apud mortuos esse satius est — quos ad pacem aeternam eorum pacis causa nostrae adipiscendae misimus — quam metuentes et insomnes cubare cruciati animo. Duncanus in sepulcro est. Fluctibus vitae finitis, quiete dormit. Proditio pessimum fecit. Nec ferrum, venenum, odium domesticum, denuntiatio belli — nihil eum ultra nocere potest.

DOMINA MACBETHA

Age, Celsissime. Leviga frontem rugatam. Es hac nocte apud convivas hilarus et iucundus.

MACBETHUS

Ita ero, carissima mea, et idem abs te quaeso. Curato praesertim Banquhonem, et ei laudem tribuito vultu verboque. Impraesentiarum quoniam intuti sumus, nobis opus est ut blanditia impediamus quominus dignitas nostra maculata fiat, et ut facies nostras faciamus alienas personas esse quae animas veras celant.

DOMINA MACBETHA

Te id desinere oportet.

MACBETHUS

O, scorpiones mentem meam infestant, uxor cara. Scis Banquhonem et Fleanchum vivi esse.

DOMINA MACBETHA

Sed immortales non sunt.[2]

MACBETHUS

Me confirmat quod vulnerari possunt. Es igitur iucunda. Antequam ad venandum vespertilio volet, antequam scarabaeus stercorarius[3] murmure noctem annuntiet, respondens voci Hecatae, res terribilis fiet.

DOMINA MACBETHA

Quid faciendum est?

MACBETHUS

Mane nescia prius, columba[4] carissima, quam factum laudare potes. Veni, nox, et alliga diei oculos misericordis[5]. Manu sanguinea et quae non conspici potest, abroga et lacera illud pactum[6] magnum quod me in metu tenet. Appropinquat nox, et ad silvas tenebrosas cornix redit. Lucis res bonae obdormiscere coepiunt dum malefactores nocturni[7] ex somno suo consurgunt ad praedam venandam. – Te consternant verba mea, sed cohibe te. Improbitate facinora improba se tuta reddunt. Ita, te oro, fac ut me adiuves.

Exeunt.

Scaena Tertia
III.3

Ingrediuntur homicidae tres.

HOMICIDA PRIMUS

Quis rogavit ut nobis te iungas?

HOMICIDA TERTIUS

Macbethus.

HOMICIDA SECUNDUS

Non necesse ei diffidamus est. Ei Macbethus id quod facturi sumus dixit.

HOMICIDA PRIMUS

Nobis igitur iunge te. In occidente lineae lucis supersunt. Nunc, viator tardatus equum concitat, se sperans deversorium commodum invenire. Et vir accedit quem exspectamus.

HOMICIDA TERTIUS

Attendite. Equos audio.

BANQUHO

[*Ex parascaenio*] Da mihi luminem, eho!

HOMICIDA SECUNDUS
Is ipse est. In regia ceteri expectati iam sunt.

HOMICIDA PRIMUS
Ab equis suis discesserunt.

HOMICIDA TERTIUS
Paene mille passuum — sed Banquho plerumque, ut omnes, hinc ad portas regiae ambulat.

Ingrediuntur Banquho et Fleanchus, cum face.

HOMICIDA SECUNDUS
Lumen, lumen.

HOMICIDA TERTIUS
Is ipse est.

HOMICIDA PRIMUS
Vos comparate.

BANQUHO
Advenit pluvia.

HOMICIDA PRIMUS
Pluat.

Banquhonem oppugnant.

BANQUHO
Perfidiam! Fuge, Fleanche! Fuge, fuge, fuge! Necem meam ulcisci potes. O, vincte[1]!

Banquho moritur. Fleanchus effugit.

HOMICIDA TERTIUS
Quis lumen exstinxit?

HOMICIDA PRIMUS
Nonne ita consilium erat?

HOMICIDA TERTIUS
Unus tantum stratus est. Filius aufugit.

HOMICIDA SECUNDUS
Muneris nostri tantummodo dimidio deliquimus.[2]

HOMICIDA PRIMUS
Abeamus et quantum factum est nuntiemus.

Exeunt.

Scaena Quarta
III.4

Epulum[1] paratum. Ingrediuntur Macbethus, Domina Macbetha, Rossius, Levinius, Domini, et ministri.

MACBETHUS
Dignitates vestras in ordine scitis. Proinde considite. De primis postremis tenus gratus est nobis vester adventus.

DOMINI
Gratias Maiestati Vestrae.

MACBETHUS
Hospitibus nos immiscebimus et convivator modestus erimus. Hospita nostra se in regia sede continet, sed salutationem eius temperi petemus.

DOMINA MACBETHA
Pronuntia illam, Domine, pro me amicis nostris omnibus, pectus enim meum eos easque libenter accipit.

Ingreditur homicida primus.

MACBETHUS
Ecce — respondent gratiis agendis tibi medullitus. Mensae latera duo numeros aequales habent. In medio hic sedebo. Facite vos hilares, et mox circum mensam bibemus. — In facie tua sanguis est.

HOMICIDA PRIMUS

Banquhonis igitur est.

MACBETHUS

Sanguinem eius in facie tua esse melius est quam in corpore eius.[2] Interfectus est?

HOMICIDA PRIMUS

Domine, gula incisa est. Id feci.

MACBETHUS

Optimus sicarius es, quamquam quicunque idem Banquhoni fecit bonus est aeque. Si id fecisti, parem nullum habes.

HOMICIDA PRIMUS

Domine regi maxime - effugit Fleanchus.

MACBETHUS

Morbus meus iterum aestuat. Sanus alioqui essem, solidus quasi marmor, stabilis quasi scopulus, liber quasi aer circa nos. Sed nunc concludor, inclusus dubiis metibusque insolentibus. − Sed securus est Banquho?

HOMICIDA PRIMUS

Ita, Domine. Securus in fossa iacet, in capite habens viginti vulnera patentia, quorum letale minimum esset.

MACBETHUS

Pro illo tibi gratiam habeo. Serpens adultus ibi iacet, et iunior qui fugit aliquando venenatus fiet. Impraesentiarum tamen dentos nullos habet. Abi. Cras ulterius colloquemur.

Exit homicida primus.

DOMINA MACBETHA

Domine regie, convivas non hilare salutas. Epulum procedens sine crebris salutationibus nihil est praeter cenam quae emitur. Id datum est, et cum hospitalitate — quispiam cibum tantummodo capere domi potest. Sed cum foris cenat, epulum iucundiore sapore est propter liberalitatem. Epulum quod hanc caret exile est.

Ingreditur spectrum Banquhonis et in sede Macbethi considit.

MACBETHUS

Admonitrix lepida. − Appetentia edendi utamini, concoctione facili, et valetudine prospera.

LEVINIUS

Placeat Sublimitati Vestrae in sede assidere?

MACBETHUS

Nobiles patriae nostrae una in unis aedibus adessent si interesset Banquho felix[3] noster. Eum magis vituperarem qui negligens erat quam eius propter malum misererer.

ROSSIUS

Absentia sua, Domine, fidem fallit. Placeat Maiestati Vestrae nos ornare praesentia tua?

MACBETHUS

Mensa plena est.

LEVINIUS

Ecce sede assignata, Domine.

MACBETHUS

Ubi?

LEVINIUS

Hic, Domine. Quid Sublimitatem Vestram commovet?

MACBETHUS

Quis vestrum hoc fecit?

DOMINI

Quid, Domine?

MACBETHUS

Non potes me id fecisse dicere.
Noli mihi quatere crines cruentos
tuos.

ROSSIUS

Viri nobiles, assurgite. Maiestas
Sua aeger est.

DOMINA MACBETHA

Assidite, amici veri. Dominus
meus saepe ita est, sicut ex
adulescentia. In sedes manete,
sodes. Impetus brevis erit. Paulo
momento temporis ad se redibit.
Si eum nimis animadvertitis, eum
certe offendetis et angorem
extendetis. Comedite, et eum
neglegite. – Vir es?

MACBETHUS

Sum, et fortis, qui audet id quod
aspicere diabolum terreret.

DOMINA MACBETHA

Quisquilias. Imago ipsa est metus
tui. Hac sicae volitanti similis est
quam te ad Duncanum duxisse
dixisti. Hae eruptiones, metus
falsi, accommodatae essent fabulae
mulieris igne hiberno ab avia sua
traditae. Pudorem. Cur os
distorques? Nihil denique aliud
quam sellam aspicis.

MACBETHUS

Aspice ibi. Ecce. Aspice. Nunc
quid dicis? – At quare curarem?
Si nutare potes, dic quoque. Si
sepulcra quos sepelimus remittere

III.4

coguntur, monumenta sola nostra
stomachi milvorum erunt.

Exit spectrum.

DOMINA MACBETHA

Stultitia fortitudinem tuam adimit?

MACBETHUS

Eum vidi tam certe quam hic sto.

DOMINA MACBETHA

Nugas. Proh, pudorem!

MACBETHUS

[*Seorsum*] Sanguis antehac fusus
est, olim antequam iura societatem
fecerunt stabilem et tranquillam.
Caedes quidem postea etiam factae
sunt, foediores quam ut auris eas
tolerare posset. Vir quondam
mortuus est postquam cerebrum
elisum est, et ita finis. Sed nunc,
tolerantes in capite viginti vulnera
patentia letalia, resurgunt, et nos de
sedibus nostris pellunt. Hoc
mirius est quam talis caedes.

DOMINA MACBETHA

Domine digne, amici nobiles tui te
desiderant.

MACBETHUS

Obliviscor. – Nolite sollicitari,
amici verissimi. Infirmitatem
insolitam habeo quam nihili faciunt
illi qui me noverunt. Propinemus
omnibus amorem salutemque.
Deinde assidam. Date mihi
vinum. Implete poculum.

Ingreditur spectrum Banquhonis.

Mensae omnibus vitam beatam
propino, et necessario nostro,
Banquhoni, quem desideramus.
Utinam adesset. Omnibus eique

absenti, et laeta omnia haec omnibus.

DOMINI

Obsequium nostrum et propinationem.

MACBETHUS

Apage, et de conspectu meo abi. Revertere ad sepulchrum. Ossa tua nullam medullam habent, et sanguis tuus frigidus est. Oculis defixis tuis aspicere non potes.

DOMINA MACBETHA

Hoc putate, nobiles, morbum longum esse. Nihil aliud est. Heu, voluptatem temporis perdit.

MACBETHUS

Tam fortis sum quam vir quivis. Appropinqua in forma ursi inconditi Russici, rhinocerotis armati, vel tigris Hyrcanii. Si faciem ullam trahas nisi tuam, nunquam tremam. Si autem ad vitam redeas et me ad certamen in desertis provoces gladiis — si tremor me illo tempore occupet[4], tum appella me pupam puellae parvolae[5]. Apage, umbra horrifica. Ludibrium, te aufer modo.

Exit spectrum.

Vir denuo sum, illo egresso. — In sedes manete, oro vos.

DOMINA MACBETHA

Hilaritatem perdidisti et epulum turbavisti significationibus confusis.

MACBETHUS

Res tales praeterire possunt, velut nubes aestiva, sine nobis stupefaciendis? Facitis de fortitudine dubitem mea cum genas vestras tenentes colorem rubentem naturalem video dum species tales conspicitis, at meus exsanguis propter metum fit[6].

ROSSIUS

Quas species, Domine?

DOMINA MACBETHA

Noli loqui, quaeso. Aggravescit. Eum furiant interrogationes. Iam, bene quiescatis. Exite sine dignitatibus vestris parendis. Sed exite statim.

LEVINIUS

Bene quiescas, et convalescat Maiestas Sua.

DOMINA MACBETHA

Noctem tranquillam omnes habeatis.

Exeunt domini et ministri.

MACBETHUS

Sanguis fusus poenas expetet. Aiunt sanguinem fusum poenas expetere. Saxa sua sponte moveri constat et arbores loqui. Auguria et intellectus conexuum picis, cornicibus garrulis, et corvis frugilegis interfectorem occultissimum detexerunt. Hora quota noctis est?

DOMINA MACBETHA

Paene mane. Difficile est discretu.

MACBETHUS

Quid ex absentia Macduffi colligis, etiamsi eum invitavimus?

DOMINA MACBETHA

Eum accivisti, Domine?

MACBETHUS

Oblique hoc cognovi, sed certe eum acciam. In domu viri

cuiusque, servo ad speculandum pecunia do. Bene mane ad sorores faticanas ibo. Amplius dicent. Certum est mihi pessimum cognoscere modo pessimo.[7] Mihi opus est ut commodo meo cedant omnes aliae res. Viam ingressus sum cruentam adeo ut facilius regredi non esset quam progredi. Res in animo habeo quae prius exsequendae quam considerandae sunt.

DOMINA MACBETHA

Somni eges, qui substantias omnes renovat.

MACBETHUS

Veni, dormiamus. Mendacia mea oculorum ex metu qui capit tironem nascuntur et qui indurandus est. Adulescentes sumus in caede facienda.[8]

Exeunt.

Scaena Quinta
III.5

Tonitrus. Ingrediuntur sagae tres, Hecatae obviam venientes.

SAGA PRIMA

Heia, Hecata, cur irata in vultu es?

HECATA

Nonne causam habeo, anus vos petulantes et audaces? Cur Macbetho ausae estis aenigmata obicere et res maiores mortis? Et cur ego, dominatrix incantamentorum vestrorum, tacita facinorum malorum machinatrix, non petita sum ut praenuntiando interessem vel potestates magnificas artificii nostri ostenderem? Omnia quin immo quae fecistis auxilio fuerunt pervicacis, qui malevolus iracundusque est, qui amat ad cupiditates suas impetrandas, sicut alii. Vos non amat. Satisfacite nunc: discedite et mihi obviam venite mane ad foveam Acherontis[1]. Eo ibit ad fortunam suam discendam. Vasa vestra adfertote, incantamenta, amuleta, et cetera omnia. Avolatura nunc sum. Hac nocte consilii causa laboratura sum malevoli letalisque. Opus magnum ante meridiem faciendum est. Pendet a hamo lunae stilla spumea[2] momenti magni. Eam excipiam priusquam in terram cadit. Et, illa collecta, spiritus callidos[4] qui eum fallaciis alliciunt in exitium eius artificiis magiciis erigam.[3] Fatum spernet, mortem contemnet, et spes suas super prudentiam, veniam, et metum locabit. Et scitis arrogantiam inimicum principem hominum esse.

Musica.[5] Nubes prodit.

Heus, avocor. Spiritum parvum meum animadvertatis, qui in nube nebulosa sedens me exspectat.

Cantant spiritus intus, "Veni, veni".[6]

SPIRITUS PRIMUS

Veni, veni, Hecata, Hecata – o, veni.

HECATA

Venio, venio, venio, venio, quam celerrime possum, quam

celerrime possum. Ubi *Stadlin* est?

SPIRITUS SECUNDUS
Hic.

HECATA
Ubi *Puckell* est?

SPIRITUS TERTIUS
Hic. Et *Hoppo* quoque, et *Helvay* quoque. Tibi solum caremus, tibi solum caremus. Veni numerum expletum.

HECATA
Unguam modo tum ascendam. Unguam modo tum ascendam.
Descendit spiritus felinus.
Apparent insuper alii tres.

SPIRITUS PRIMUS
Unus ex eis descendit debita postulaturus: osculum, complexum, potum sanguinis. Atque demiror cur tam diu manes.

FELIS
Demiror.

SPIRITUS PRIMUS
Quia aer tam dulcis est et salutaris.

HECATA
Venisti? Quid novi?

FELIS
Quid novi?

SPIRITUS SECUNDUS
Omnia nobis placent. Vel veni vel abnue.

FELIS
Abnue.

HECATA
Nunc pro volatu omnia habeo quae opus sunt. Nunc eo et nunc volo, cum Malkina[7], spiritu dulci meo.
Ascendunt Hecata felisque.

SPIRITUS TERTIUS
Delectationem suavem, hanc: volare per aerem, luna lucente bella, et epulari, cantare, ludere, et osculari.

CHORUS SPIRITUUM
Super silvas, saxa celsa, et montes, super maria et fontes nebulosos, super turres fastigatas ecclesiarum, turres castellorum, et turriculas supra propugnacula. Noctu volamus inter catervas spirituum.
Evolant e conspectu sursum
Hecata felisque.
  Hac altitudine nulla tintinnabula tinnientia audire possumus, nullum ululatum luporum, nec latratum canum, nec fremitum undarum, nec fragorem tormentorum.
Exeunt spiritus.

SAGA PRIMA
  Venite; properemus. Mox illa remeabit.

Exeunt.

Scaena Sexta
III.6

Ingrediuntur Levinius et alius dominus (sine nomine).

LEVINIUS
Id quod dicebam cum cogitationibus tuis congruit. Ita, coniectiones tuas ipsius facere potes. Solum dico res inusitate gestas esse. Macbethus miserebatur Duncani benigni — mortuus erat, scilicet. Et Banquho animosus multa nocte ambulabat, quem interfecisse Fleanchum diceres, si tibi lubeat, quia Fleanchus confugerit. Viri quidem

adulta nocte ambulare non debent. Quis non potest immanitate caedis cogitanda carere factae Milcolumbo Donalbanoque patris benigni ipsorum?[1] Facinus damnabile. Quantus moeror Macbethum afficiebat. Nonne statim in furore pio noxios duos, ebrios et dormientes, Macbethus cecidit? Nonne illud generose effectum est? Quippe ita, et sapienter etiam, nam iram cuiusvis cor habentis irritaret audiens viros innocentiam asseverare. Hac omni re considerata, Macbethum recte fecisse dico. Puto ut si filios Duncani includeret — et, si Caelo placeat, ita non faciet — tum illi poenam patris occidendi reperirent. Sic etiam Fleanchus reperiret. Sed satis. Macduffum in dedecore esse propter verba inconsulta audio et quia epulo usurpatoris non interfuit. Scis ubi est?

DOMINUS

Filius Duncani, cuius regnum usurpator sibi vindicavit, in aula Anglica habitat. Edvardus sanctissimus eum recepit adeo comiter ut calamitas dignitatem altam haud minuit. Illuc iit Macduffus pro Milcolumbo petiturus ut Sivardum et viros eius Northumbriae excitet. Eis opitulantibus, atque Deo comprobante, denuo cibum ad mensas nostras feramus, nocte dormiamus, cultros cruentos apud epula nostra interdicamus, obsequium ostentemus, et honores libere datos accipiamus. Quae omnia nunc desideramus. Relatus hic regem adeo exacerbavit ut bellum comparat.[2]

LEVINIUS

Macduffum arcessivit?

DOMINUS

Ita est. Abrupte respondit, "Domine, hautquaquam." Nuntius, frontem contrahens, se avertit et murmur emisit, quasi dixerit, "Te paenitebit diei cum mihi sic respondisti."

LEVINIUS

Illud Macduffum moneat ut abstineat, secundum prudentiam. Ante eum, nuntium eius ferens, ad aulam Anglicam angelus sanctus quispiam volet ut liberatio patriae nostrae laborantis dominatu properaretur.

DOMINUS

Preces cum eo mittam.

Exeunt.

ACTUS QUARTUS

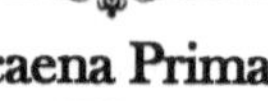

Scaena Prima
IV.1

Tonitrus. Ingrediuntur sagae tres.

SAGA PRIMA

Ter fulva felis virgata miau fecit.[1]

SAGA SECUNDA

Ter, et semel erinaceus vagivit.

SAGA TERTIA

Harpierus[2] clamitat, "Evenit tempus, evenit tempus."

SAGA PRIMA

Circum cortinam eamus, et exta venenata in eam iaciamus. Bufo, qui sub saxo frigido, dormiens[3], exudabat per dies et noctes triginta unus venenum, coquere primum in cortina magica.

SAGAE OMNES

Duplicemus, atque iterum, iurgium et calamitatem. Ignis exardescat et cortina bullet.

SAGA SECUNDA

Segmentum serpenti ex palude in cortinam, coquatur. Salamandrae oculus, ranae digitus pedis, vespertilionis pellis, et canis lingua. Bifurca lingua viperina, dens anguis oculis parvulis, lacertae crus, et noctuae ala parvae. Coque et bulla, tanquam ius infernum, ut vis magica quae molestiam magnam movet fias.

SAGAE OMNES

Duplicemus, atque iterum, iurgium et calamitatem. Ignis exardescat et cortina bullet.

SAGA TERTIA

Draconis squama, lupi dens, veneficae mumia, stomachus gulaque pistris vorax. Cicutae radix effossa in tenebris. Iecur Iudaei blasphemantis, capri bilis, et ramuli ab taxo fissi in defectione lunae. Turciensis nasus et Tartarensis labra. Digitus infantis strangulati sub partu et in fossa editi a meretrice. Ius faciamus crassum et mucosum, et exta tigris addamus, mixturae[4] causa in cortina nostra.

SAGAE OMNES

Duplicemus, atque iterum, iurgium et calamitatem. Ignis exardescat et cortina bullet.

SAGA SECUNDA

Eam faciamus sanguine cynocephali frigidam. Deinde mixtura magica vim habet.

Ingrediuntur Hecata et sagae aliae.[5]

HECATA

Bene fecistis. Laborem vestrum approbo, et omnes lucrum partientur. Nunc circum cortinam cantate velut nymphae pusillae malevolae[6] circulo, fascinantes omnia quae in eam ponitis.

Musica et cantus "Spiritus atri".[7]

UNA EX SAGIS

Spiritus atri et albi, spiritus rubri et cani, vos immiscete, vos qui se immiscere possunt. *Titty, Tiffin,* id intus tenete rigore. *Firedrake, Puckey,* id facite faustum. *Liard, Robin,* intrinsecus vos trudite[8].

CHORUS SAGARUM

Circa, circa, iterum atque iterum. Irruite, mala omnia. Abstinete, bona omnia.

UNA EX SAGIS

Ecce sanguinem vespertilionis.

UNA EX SAGIS

Illum pone in cortinam. O, illum pone in eam.

UNA EX SAGIS

Ecce cerebrum lacertae.

UNA EX SAGIS

Pone in eam aliquid ad magnitudinem grani.[9]

UNA EX SAGIS

Sucus bufonis, oleum viperae. Haec iuvenem[10] amentiorem facient.

UNA EX SAGIS

Illa pone in eam. Sat est. Foetorem amolire.

UNA EX SAGIS

Immo, ecce paululum mulieris rufae.

CHORUS SAGARUM

Circa, circa, iterum atque iterum. Irruite, mala omnia. Abstinete, bona omnia.

SAGA SECUNDA

Pollicibus prurientibus meis, aliquid sceleratum ad nos venit. Solvite claustra, quicumque fores ferit.

Ingreditur Macbethus.

MACBETHUS

Hem, vos veneficae secretae malevolaeque[11] noctis mediae, quid facitis?

SAGAE OMNES

Aliquid cui nullum nomen est.

MACBETHUS

Oro ut mihi respondeatis praescientia, quoquo modo eam rescivistis. Etiamsi ventos qui ecclesias verberabunt solvatis, etiamsi undae spumeae naves obruant et devorent, etiamsi frumentum maturum sternatur et arbores decutiantur, etiamsi castella super custodes corruant, etiamsi regiae et pyramides versus fundamenta apices inclinent, etiamsi semina omnia vitae in thesauro simul cadant, priusquam

exitium ob se in morbum incidit, mihi respondete cum rogo.

SAGA PRIMA

Dic.

SAGA SECUNDA

Postula.

SAGA TERTIA

Respondebimus.

SAGA PRIMA

Nos tibi dicere malles quam nostros potentes?

MACBETHUS

Vocate illos. Permittite ut illos videam.

SAGA PRIMA

Porcae sanguinem infundamus quae novem fetus suos. Unguen ex cruce[12] interfectoris exudatum in ignem iniciamus.

SAGAE OMNES

Veni, spiritus superior aut inferior. Te ostende apposite et officium tuum.

Tonitrus. Imago prima: caput armatum.

MACBETHUS

Dic mihi, tu potens ignote.

SAGA PRIMA

Cogitationes tuas scit. Attende sed noli dicere.

IMAGO PRIMA

Macbethe, Macbethe, Macbethe, cave Macduffum. Cave Thanum Fifae. Dimitte me. Sat est.

Descendit.

MACBETHUS

Tibi gratias cuicumque es ago pro monitum. Metum meum exacte dixisti. Sed interrogatio alia...

SAGA PRIMA

Eum iubere non potes. Ecce alium, potentiorem quam primum.

Tonitrus. Imago secunda: puer sanguineus.

IMAGO SECUNDA

Macbethe, Macbethe, Macbethe.

MACBETHUS

Si aures tres haberem, te audire possem.

IMAGO SECUNDA

Tibi opus est ut sanguinarius sis, audax, et constans. Deride virorum aliorum vim quia nemo editus muliere Macbetho nocebit.

Descendit.

MACBETHUS

Perge igitur vivere, Macduffe. Quid a te timendum est? Confidentiam tamen meam duplicabo fortuna obliganda causae meae. Non vives, ut mendaciis metus mei adversari possim atque etiam in tonitru dormiam.

Tonitrus. Imago tertia: puer diadema gerens in capite, arborem tenens manu.

Quid est quod tanquam regis filius surgit et gerit in capite infantis rotundum apicemque imperii?

SAGAE OMNES

Attende sed noli huic dicere.

IMAGO TERTIA

Fortis esto et superbus. Illos neglege qui molesti sunt, et noli permittere ut te loca coniuratorum sollicitent. Haud prius Macbethus vincetur quam progreditur Nemus Bernense Magnum ei adversum ad Collem Dunsinanum.

Descendit.

MACBETHUS

Numquam fiet. Quis silvam ad militiam cogere potest et arbores iubere radices ipsarum evellere? Vaticinationes gratiae. Bene habet. Mortui rebelles mei non surgent antequam Nemus Bernense surgit. Macbethus regius aetatem naturalem implebit et denique senectute morietur. Cor tamen meum vehementer etiamnum rem unam reliquam quaerit. Mihi dic, si satis pertineat arte tua — regnabunt semper[13] filii Banquhonis in hoc regno?

SAGAE OMNES

Noli plus quaerere.

MACBETHUS

Id flagito. Si recuses, tibi cadat maledictum aeternum. Mihi dic.

Descendit cortina.

Cur cortina desidit?

Clariligna.

Et quae musica haec est?

SAGA PRIMA

Ostendite.

SAGA SECUNDA

Ostendite.

SAGA TERTIA

Ostendite.

SAGAE OMNES

Oculis suis ostendite et facite ut doleat. Venite velut umbrae; itidem ite.

*Pompa regum octo, quorum ultimus
speculum portat, et Banquho.*

MACBETHUS

Similis es nimis spectri
Banquhonis. Apage! Diadema
tuum oculos meos laedit. Et capilli
tui, tu qui frontem auro
circumplexam habet, primis
similes sunt. Rex tertius speciem
proximi habet. Sordidae anus, cur
mihi hoc monstratis? —
Quartum? Oculi, ex lacunis
desilite. Producetur series haec in
infinitatem? Etiamnum alius?
Septimus? Nolo aspicere. Atque
octavus in conspectum venit,
portans speculum quod mihi
ostendit alios multos. Aliquos
video qui sphaeras duplices et
sceptra triplicia portant.
Spectaculum horrendum. Nunc id
verum esse video, quia Banquho,
capillis sanguine implicatis et
oblinatis, mihi arridet et digito
reges monstrat ut eos suos esse
videam. Quid, hoc verum est?

Exeunt reges et Banquho.

SAGA PRIMA

Ita est, Domine. Omnia haec vera
sunt. Sed cur Macbethus
obstupescit? Sorores, venite, et
animum eius relaxemus et ei
oblectamina optima nostra
monstremus. Aerem cantabo ut
dum saltatum mirandum[14] agitis
musicam faciat, ut rex hic magnus
exim nos benigne dicat munus
debitum perfecisse.

Musica. Sagae saltant et evanescunt.

MACBETHUS

Ubi sunt? Abierunt? Semper
devoveatur diris in fastis hoc
punctum taetrum temporis. —
Ingredere, quicunque foris est.

Ingreditur Levinius.

LEVINIUS

Quid vult Clementia Vestra?

MACBETHUS

Sorores faticanas vidisti?

LEVINIUS

Non eas vidi, Domine.

MACBETHUS

Nonne te praeterierunt?

LEVINIUS

Minime vero, Domine.

MACBETHUS

Inficiatur aer per quem volant, et
damnentur omnes qui eis credunt.
Equos admissos audivi. Quis
praeteriit?

LEVINIUS

Duo aut tres equites, Domine,
venientes tui dicendi causa ut
Macduffus ad Angliam fugit.

MACBETHUS

Fugit ad Angliam?

LEVINIUS

Ita est, Celsissime.

MACBETHUS

[*Seorsum*] Tempus, dolis diris
meis obstas. Modo si statim
agamus pergunt cum consilia
pariter res gestae. Posthac
cogitatum primum cordis mei fiet
factum primum manus meae. Iam
nunc, ad cogitatas perficiendas
factis, hoc concipiatur atque
faciatur: Macduffi arcem incautam

expugnabo, Fifam capiam, gladio uxorem eius, liberos, et cognatos infelices occidam. Venditatio nulla in modum fatui erit. Ante factum hoc efficiam quam constantia animi mea decrescit. Non plus visorum[15] fiat. — Ubi nuntii sunt? Ad eos me adduc.

Exeunt.

Scaena Secunda
IV.2

Ingrediuntur uxor Macduffi, filius suus, et Rossius.

DOMINA MACDUFFA

Quid is fecerat quod eum patriam fugere coegit?

ROSSIUS

Animum aequum habeas oportet, Domina.

DOMINA MACDUFFA

Illum non habebat. Fuga eius dementia erat. Metus nostri efficiunt ut proditores esse videamur cum facta nostra id non faciunt.

ROSSIUS

Nescis utrum causa prudentia fuerit an metus.

DOMINA MACDUFFA

Prudentia? Relinquere uxorem, liberos, domum, et appellationes, in loco unde ipse fugavit? Nos non amat. Caritate naturali caret. Regaliolus quidem, avium parvissimus, pugnabit ad pullos in nido defensandos a bubone. In fuga eius solum metus est; amoris nihil est. Neque prudentia, ubi illa fuga rationem tantum repugnat.

ROSSIUS

Contine te, sodes, cognata carissima. Sed maritus tuus honestus est, sapiens et prudens, et saeculi convulsiones optime intellegit. Plura dicere non audeo. Tempora crudelia sunt cum proditores sumus inscienter, cum propter metum rumores periculi credimus etsi id quod metuimus non agnoscamus. Mari feroci et procelloso quoquoversus iactamur. Nunc abeo sed iam redibo. Res loco pessimo desinent aut ad statum suum priorem ascendent. — Salve, mi cognate belle.

DOMINA MACDUFFA

Sibi pater est, atqui nullus.

ROSSIUS

Tam motus[1] sum ut, si morer, tum dedecus in me admittam atque tibi incommoditatem adferam. Abeo nunciam.

Exit.

DOMINA MACDUFFA

Puer, pater tuus mortuus est. Quid facies? Quomodo vitam ages?

FILIUS

Ritu avium, mater.

DOMINA MACDUFFA

Quemadmodum? Vermibus et muscis?

FILIUS

Quacumque re quam nancisci possum, dico, sicut aves.

DOMINA MACDUFFA
Avis misera, numquam rete timeres nec virgam virscatam nec laqueum.

FILIUS
Cur timeam, mater? Avibus miseris non disponuntur. Pater meus non est mortuus, quodcunque dicis.

DOMINA MACDUFFA
Immo vero, mortuus est. Quomodo patris desiderium explebis?

FILIUS
Quin immo, quomodo mariti desiderium explebis?

DOMINA MACDUFFA
Viginti de mercatu quovis emere possum.

FILIUS
Eos emes et deinde vendes.

DOMINA MACDUFFA
Acumine quod habes omni uteris, atqui satis callidus es.

FILIUS
Proditor erat pater meus, mater?

DOMINA MACDUFFA
Erat.

FILIUS
Quid est proditor?

DOMINA MACDUFFA
Qui adiurat et mentitur.

FILIUS
Omnes qui hoc faciunt proditores sunt?

DOMINA MACDUFFA
Proditores sunt omnes qui hoc faciunt, et cervice suspendendi sunt.

FILIUS
Omnes qui adiurant et mentiuntur suspendendi sunt?

DOMINA MACDUFFA
Omnes.

FILIUS
Qui eos suspendere debent?

DOMINA MACDUFFA
Viri veraces, quippe.

FILIUS
Tum qui mentiuntur et adiurant stulti sunt. Tam numerosi sunt ut viros veraces vincerent et suspenderent.

DOMINA MACDUFFA
Te Deus iuvet, simiole infelix, sed quomodo patris desiderium explebis?

FILIUS
Si mortuus esset, eum fleres. Si non fleres, tum haud dubie me patrem novem esse accepturum mox scirem.

DOMINA MACDUFFA
Linguose infelix, ut loqueris.

Ingreditur nuntius.

NUNTIUS
Eveniant bonae tibi, Domina elegans. Me non novisti sed probe tuam existimationem magnam novi. Me terror cepit quod periculum puto tibi appropinquare. Si consilium viri humilis sequeris, noli sinere te hic reperiri. Abi cum liberis. Fortasse te ita terrens nimis inhumanus sum, sed peius tibi inferre crudelitas inexorabilis esset, atque tanta iam prope te nimis est. Te

IV.2

conservet Caelus. Diutius non audeo manere.

Exit nuntius.

DOMINA MACDUFFA

Quo fugabo? Nullam iniuriam feci. Oportet ut me meminerim mundum terrenum habitare, ubi laudabile saepe est laedere, sed stultum periculose interdum est beneficia ferre. Cur me protego mulieris ritu, affirmans me insontem esse?

Ingrediuntur homicidae.

Quibus facies hae sunt?

HOMICIDA

Ubi maritus est?

DOMINA MACDUFFA

In loco nullo tam impio ut ibi viri vestri similes eum reperiant.

HOMICIDA

Proditor est.

FILIUS

Mentiris, homo sceleste et villose!

HOMICIDA

Quid, ovum? Proditionis fetus.

Homicida puerum interficit.

FILIUS

Me interfecit, mater. Aufuge, oro te.

Exit Domina Macduffa, clamitans identidem "Caedem", insequentibus homicidis.

Scaena Tertia
IV.3

Ingrediuntur Milcolumbus et Macduffus.

MILCOLUMBUS

Quaeramus locum umbrosum et desertum ad flendum dum tristitia decrescit.

MACDUFFUS

Firmiter gladium mortiferum potius teneamus — et ut honesti super patriam caesam nostram stemus[1] et hostem ad certamen provocemus. Cotidie ululant viduae novae, lacrimant orbi novi, et maerores novi alapam ori Caeli dant, ut personat tanquam cum Scotia dolet atque pari angore quiritat.

MILCOLUMBUS

Quidquid credo, lamentabor. Quidquid scio, credam. Et quidquid corrigere possum, ita tempore opportuno faciam. Id quod dixisti forte verum esse potest. Hic tyrannus, cuius nomen in linguis nostris pusulas existere facit, quondam bonus habebatur. Eum dilexisti. Nondum tibi nocuit. Iuvenis sum, sed fortasse aliquid de Macbetho me spectando deprendis: prudentiam in me prodendo, tamquam sacrifices agnum infirmum, miserum, innocentem ad deum iratum placandum.[2]

MACDUFFUS

Perfidus non sum.

MILCOLUMBUS

Sed Macbethus est. Natura bona et recta iusso regio cederet. Mihi ignosce. Cogitationes meae ingenium tuum mutare non possunt. Angeli adhuc lucidi sunt

etiam si prolapsus est lucidissimus.
Res omnes nequitiae speciem prae
se ferre conantur probitatis, sed
probitas non potest quin se
benignam praestare.

MACDUFFUS

Spem amisi.

MILCOLUMBUS

Quo fit forte ut suspicax sim. Cur
tam raptim uxorem puerumque
dereliquisti — causas dilectas illas,
vincula caritatis illa — non
valefecisses. Parce pati suspiciones
meas dedecora tua fieri. Suspicio
me protegit. Honestus fortasse es,
quidquid putem.

MACDUFFUS

Sanguinem funde, patria misera,
sanguinem funde. Tyrannis
magna, iace fundamenta tuta quia
bonitas tibi obstare non audet.
Gesta facinora tua, nomine
firmato[3]. Vale, Domine. Scelestus
non essem quem me putas etiam si
tyrannis fines omnes occuparem —
et insuper Orientem locupletem.

MILCOLUMBUS

Noli offendi. Non ex diffidentia
tota dico. Patriam nostram sub
iugo sidere credo, flentem et
sanguinantem, et cotidie ad vulnera
plaga nova adicitur. Pro iure meo
tamen arbitror ut manus multae
tollerentur. Rex Angliae benignus
virorum milia mihi obtulit. Sed
nihilominus, cum caput tyranni
calco aut in gladio id infigo, patria
misera mea plus malorum habebit
quam antea. Magis patietur et

pluribus modis propter eum qui
regno succedit.

MACDUFFUS

Qualis esset?

MILCOLUMBUS

Me ipsum dico, in quo satis novi
vitia inserta ut, cum se panderunt,
Macbethus malus esse purus
tanquam nix videbitur. Eum gens
misera pro agno habebit prae
improbitate infinita mea.

MACDUFFUS

Nemo Macbetho propter scelera
damnatior est in multitudine
inferorum horridorum.

MILCOLUMBUS

Agnosco ut sanguinarius est, salax,
avarus, perfidus, fallax, temerarius,
et malevolus, olens peccatum
omne quod nomen fert. Sed
libido mea infinita est; fines nullas
habet. Uxores vestrae, filiae,
matronae, virgines meum
appetitum non possent explere. Et
cupido meus impedimenta omnia
superaret ei quod volo. Potius
Macbethus regnet quam aliquis ut
ego ipse.

MACDUFFUS

Intemperantia immensa suapte
natura tyrannis est. Fecit ut reges
multi ceciderint soliaque
intempestive amiserint. Nolito
dubitare id quod tuum est capere.
Clam voluptatibus tuis maxime
indulgere posses, speciem tamen
habens honesti. Gentes fraudare
posses, quod mulieres libentes
multae sunt. Tam vorax non esse

MILCOLUMBUS

potes ut pauciores mulieres sint quam quae libidinem tuam explere paratae sint, ubi te, virum magnum, eas cupere didicerint.

MILCOLUMBUS

In indole mea ab malis composita est aviditas inexplebilis. Si rex essem, nobilitates interficerem ad agros capiendos. Gemmas unius nobilis concupiscerem et domum alterius. Quanto cupiditates meae magis explentur tanto magis roboratae sunt, ut contra bonos fidelesque iurgia iniusta fingerem ad eos necandos et ad divitias capiendas.

MACDUFFUS

Haec avaritia radices altiores habet et perniciosiores quam libido aestiva. Exitum fuit regum nostrorum occisorum. Noli tamen metuere. In propriis tuis opibus habet Scotia abundantiam cupiditatibus tuis explendis. Tolerabilia fiunt vitia haec omnia ubi virtutibus compensantur.

MILCOLUMBUS

Sed nullam habeo. Virtutes quae regem decent — aequitas, veritas, temperantia, stabilitas, liberalitas, perseverantia, misericordia, humilitas, pietas, patientia, animus, fortitudo — mihi prorsus desunt. Varietatibus abundo sceleris cuiusque, et has multimodis exsequor. Si, quin immo, potestas mihi esset, lac concordiae in Infernum funderem, pacem perturbarem, et unitatem omnem in terra destruerem.

MACDUFFUS

O Scotia, Scotia.

MILCOLUMBUS

Si huius modi homo dignus regno sit, tum dic. Sum id quod me esse dixi.

MACDUFFUS

Dignus regno? Non es dignus vita. O, patriam miseram. In sede regia sedenti tyranno usurpanti cruento, quando tibi dies salutares redibunt? Heres regni legitimus se incusat et genus suum calumniatur. Pater regius tuus erat rex sanctissimus. Regina quae te peperit, saepius genibus nixa in oratione quam stans, vixit tanquam dies omnis ultimus esset. Vale. Haec mala quae contra te recitavisti e Scotia me exterminaverunt. O, cor meum, ad finem spes venit.

MILCOLUMBUS

Studium hoc excelsum, Macduffe, integritatis proles, suspiciones acerbas meas abstersit et animum meum probitati tuae honestatique reconciliavit. Macbethus nefandus dolis multis talibus me imperio suo adiungere conatus est. Sed prudentia cauta prohibet quominus praepropere credulus fiam. Sit inter nos arbiter in perpetuum Deus,[4] quia iam nunc ductui tuo me trado et crimina quae de me ipso obieci retracto. Maculas delictaque renuntio quae in me posui quia aliena morum meorum sunt. Non notitiam feminae habui, numquam peieravi, vix possessiones meas cupiebam, et nullo fidem tempore fregi. Diabolum ipsum non proderem socio suo improbitatis. Et veritatem non minus quam vitam amo. Mendacium primum meum dixi dudum memet ipso impugnando. Praesto tibi sum et patriae meae miserae. Prius quidem Sivardus vetus cum decem milibus militum paratorum[5] profectus est quam pervenisti. Nunc una ibimus, et comprobata sit spes secundorum aeque quam causa nostra. Cur taces?

MACDUFFUS
Has res acceptas et odiosas reconciliare difficile est.

Ingreditur medicus[6].

MILCOLUMBUS
Amplius posterius dicamus. — Rex venturus est, si mihi liceat rogare?

MEDICUS
Ita est, Domine. Agmen aegrorum remedium eius opperitur. Morbus eorum medicinam frustratur. Sed tactu eius sanantur propter sanctitatem quam manui donavit Deus.

MILCOLUMBUS
Tibi gratias ago, medice.

MACDUFFUS
Quem morbum dicit?

MILCOLUMBUS
Appellatur "Malum". Regis huius boni vis mirabilis est, qua uti saepe eum vidi per commorationem meam in Anglia. Quemadmodum Caelum obsecrat solum ipse scit.

Illos morbis insolitis adflictos, tumidos ulcerososque, miserabiles aspectu, qui faciunt ut chirurgi desperent, sanat insigni aureo circa collum suspendendo, precans. Aiunt eum vim sanandi traditurus esse posteris regiis. Facultatem hanc miram comitat munus divinum futurorum sciendorum. Bona varia haec circumvolantia diadema eius illum Deo honoratum significant.

Ingreditur Rossius.

MACDUFFUS
Vide qui huc venit.

MILCOLUMBUS
Civis meus, sed eum non cognosco.

MACDUFFUS
Cognate nobilis, adventus huc tuus suavis est.

MILCOLUMBUS
Nunc eum noscito. Amoveat Deus claustra quae alterum nostrum alteri ignotum faciunt.

ROSSIUS
Domine, ita fiat.

MACDUFFUS
Scotia statu eodem est quo erat?

ROSSIUS
Heu, patriam miseram. Territior est quam ut se noscitare possit. Illa terra appellari mater non potest, sed potius sepulchrum nostrum, ubi praeter nescios nemo subridere videtur. Suspiria, gemitus, et plangores aerem scindunt sed nemo animadvertit. Dolor vehemens est furor cotidianus[7]. Nemo rogat cui pulsantur

campanae funebris. Prius hominum bonorum exspirant vitae quam flores in pileis[8] eorum moriuntur aut deflorescunt.

MACDUFFUS

Relatum expolitum nimium sed exactissimum.

MILCOLUMBUS

Qui maeror novissimus est?

ROSSIUS

Ille quidem horae unius non iam recens est. Omne temporis momentum maerorem novum fert.

MACDUFFUS

Quid agit uxor mea?

ROSSIUS

Valet.

MACDUFFUS

Et liberi?

ROSSIUS

Etiam valent.

MACDUFFUS

Tyrannus pacem eorum non destruxit?

ROSSIUS

Minime. Pacati erunt cum ab eis abii.

MACDUFFUS

Noli nuntium retinere. Quo pacto se res habent?

ROSSIUS

Cum huc veni nuntium triste latum, rumor erat virorum dignorum qui rebellabant. Hunc credere poteram quia exercitum incedentem tyranni vidi. In praesentia adiuvare necesse est. Si in Scotia appareres, tum milites prodirent et mulieres nostrae pugnarent ad aerumnas terribiles exuendas.

MILCOLUMBUS

Confirmentur. Illuc venturi sumus. Anglia benigna nobis Sivardum commodavit, una cum virorum decem milibus. In orbe Christiano nullus miles maior usu vel successu existit.

ROSSIUS

Volo ut possem solatium referre. Sed nuntium habeo idoneum solum ululando in aerem desertorum, ubi id nemo audiret.

MACDUFFUS

Ad quid pertinet? Causa omnium aut maeror unius?

ROSSIUS

Nullus vir frugi abstinere potest quin doloris particeps sit, tametsi hoc nuntium ad te solum pertineat.

MACDUFFUS

Si meum sit, noli tacere. Dic mihi continuo.

ROSSIUS

Ne spernant aures tuae in perpetuum linguam meam. Eas completura est re tristissima quam umquam audiverint.

MACDUFFUS

Possum coniectare.

ROSSIUS

Castellum tuum invasum est. Saeve contrucidati sunt uxor et liberi. Retegere tibi modum par corpori tuo coniciendo in alia interfectorum esset.

MILCOLUMBUS

Caelum misericors. Noli oculos tegere. Dic dolorem. Maeror tacitus corde oppresso insusurrabit ut conteratur.

MACDUFFUS

Liberi quoque?

ROSSIUS

Uxor, liberi, servi: omnes qui inveniri potuerunt.

MACDUFFUS

Et opus erat ut absim. Uxor quoque mea occisa?

ROSSIUS

Ita dixi.

MILCOLUMBUS

Nonnullam consolationem habe. Faciamus ultionem magnam se vertere in medicamentum quod maerori huic mortifero medetur.

MACDUFFUS

Nullos liberos habet. Omnes belli mei? Dixisti "omnes"? Milvum ex Inferno! Omnes? Pulli belli omnes et mater impetu uno?

MILCOLUMBUS

Obsiste more viri.

MACDUFFUS

Sic faciam. Sed quoque opus est ut id more viri sentiam. Facere non possum quin meminerim illos qui mihi carissimi erant. Hoc spectavit Caelum sed non eos defendit? Macduffe prave, propter te occisi sunt. Nihili sum, sed delicta nihilominus mea moriendo luerunt potius quam sua. Donet Caelum eis requiem.

MILCOLUMBUS

Acuat hoc gladium tuum. Permitte ut maeror in iram se vertat. Noli hebetare animum tuum, sed potius furia eum.

MACDUFFUS

Oculis meis more mulieris facere possem, et iactatoris[9] lingua mea. Sed Caela clementia, nulla mora sit. Ferte me hoc diabolo coram Scotiae, et eum ponite intra longitudinem gladii. Si effugiat, ei quoque Caelum ignoscat.

MILCOLUMBUS

Hoc tempus[10] virile est. Regi obviam eamus. Exercitus noster paratus est. Nobis nihilo opus est nisi venia bona eius. Macbethus dum loquimur everti potest, et vires caelestes se instrumentis comparant. Accipe animum bonum quantum potes. Diuturna est nox quae numquam auroram videt.

Exeunt.

Actus Quintus

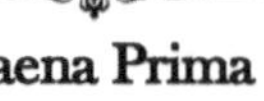

Scaena Prima
V.1

Ingrediuntur medicus[1] et ministra.

MEDICUS

Duas noctes tecum spectabam, sed nullam veritatem in nuntio tuo videbam. Quando proxime ambulavit?

MINISTRA

Maiestate Regis ad bellum profecto, eam videbam e lecto surgere, sibi vestem cubiculariam induere, armarium recludere, chartam promere, illam complicare, in illa scribere, illam legere, postea illae sigillum imprimere, et demum cubitum redire. Haec omnia fecit dormiens.

MEDICUS

Extra naturam est frui somno eodem tempore quo res geruntur vigilantiae. In hac animi commotione semisomna, super ambulatione actioneque, quid eam dicere audivisti?

MINISTRA

Aliquid, Domine, quod non reddam.

MEDICUS

Mihi debes. Convenit.

MINISTRA

Neque tibi neque cuiquam, quoniam nullum testem habeo qui verba mea comprobare potest.

Ingreditur Domina Macbetha regina, cum candela.

Ecce. Ea accedit. Modus hic solitus est, atque, sit testis Deus, ea dormit. Attende et te occule.

MEDICUS

Quemadmodum lumen nancta est?

MINISTRA

Secus lectum eius erat. Lumen iuxta eam assidue esse iussit.

MEDICUS

Vides ut oculi aperti sunt.

MINISTRA

Ita est, sed non vero vident.

MEDICUS

Quid nunc facit? Ut manus suas fricat, vide.

MINISTRA

Solet id facere, quod manus suas lavare videatur. Eam pergere quadrantem horae spectavi.

DOMINA MACBETHA

Etiam nunc eccam macula.

MEDICUS

Heus, loquitur. Quidquid dicit scribam ad memoriam firmandam.

DOMINA MACBETHA

Te aufer, macula damnata. Apage, dico. Unus, duo. Nempe tempus est iam id facere. Infernus caliginosus est. Dedecorum est, Domine. Miles timidus? Cur quemquam metueremus qui id scit, nemine potente imperii nostri impugnandi? Atqui quis senem habuisse intus tantam sanguinem putaverit?

MEDICUS

Illud notavisti?

DOMINA MACBETHA

Thanus Fifae uxorem habebat. Ubi nunc est? Heu, numquam purae manus hae erunt? Nil plus illius, Domine, nil plus. Rem totam vitias exterritus.

MEDICUS

Heia, quiddam audivisti quod te audivisse non oportet.

MINISTRA

Aliquid dixit quod dixisse non debet, certe. Deus solum novit id quod ea scit.

DOMINA MACBETHA

Est iam sanguinis odor. Unguenta pretiosa omnia Arabiae hanc manum parvam purificare non possent. O, o, o.

MEDICUS

Suspirium maestum! Cor eius graviter oneratur.

MINISTRA

Numquam in me tale cor haberem quidem gratia dignitatis corporis totius.

MEDICUS

Age, age.

MINISTRA

Deum precor, Domine, ut bene habeat.[2]

MEDICUS

Peritia mea non par hoc morbo est. Alios tamen novi qui dormientes ambulabant et in lectis suis innocentes mortui sunt.

DOMINA MACBETHA

Lava manus tuas. Indue vestem cubiculariam. Noli pallere. Denuo tibi dico Banquhonem sepultum esse. Ex sepulcro exire non potest.

MEDICUS

Verum est?

DOMINA MACBETHA

Cubitum, cubitum. Aliquis fores ferit. Veni, veni, veni, veni, da mihi manum tuam. Id quod factum est infectum reddi non potest. Cubitum, cubitum, cubitum.

Exit Domina Macbetha.

MEDICUS

Nunc cubitum ibit?

MINISTRA

Statim.

MEDICUS

Famae foedae sparguntur. Facta contra naturam negotia pariunt contra naturam. Culcitis surdis credunt animi adflicti secreta sua. Divino potius quam medico ei opus est. Deus, Deus nobis universis ignoscat. Cura eam et prohibe a modis omnibus iniuriae faciendae. Atque tamen custodi eam. Ita, bene quiescas. Mentem meam confundit et visum meum obstupefecit. Dicere id quod puto non audeo.

MINISTRA

Bene quiescas, medice bone.

Exeunt.

Scaena Secunda
V.2

Tympanum et vexillum.
Ingrediuntur Taichius, Cathanesius,
Angusius, Levinius, milites.

TAICHIUS

Exercitus Anglicus adpropinquavit, quem Milcolumbus, avunculus[1] eius Sivardus, et Macduffus dignus ducunt. In illis aestuat febris ultionis. Causae enim eorum iustae ad sanguinem effundendum eos impellunt, et conclamatio torva

"Ad arma!" hominem mortuum excitaret.

ANGUSIUS

Iuxta Nemus Bernense eis nos coniungemus, quoniam illac veniunt.

CATHANESIUS

Scit quispiamne an cum fratro Donalbanus sit?

LEVINIUS

Non est, Domine, certe. Album ingenuorum omnium habeo. Filius Sivardi in eo est, una cum iuvenibus imberbibus qui primum virtutem suam indicunt.

TAICHIUS

Quid agit tyrannus?

CATHANESIUS

Munitionibus robustis castellum ad Dunsinanum firmat. Alii eum insanum esse dicunt. Alii qui eum minus oderunt id "iram animosam" appellant. Eum tamen frenare nequire gubernationem aegram suam constat.

ANGUSIUS

Nunc cruorem ad manus haerentem caedium occultarum sentit. Nunc identidem eum propter perfidiam eius rebelliones castigant. Illi quibus imperat parent potius officio quam caritate. Nunc circa eum appellationem laxe pendere sentit, tanquam vestem ingentem in corpore pumilionis furacis.

TAICHIUS

Quis nervos eius vexatos et recidentes culpare potest, dum

omnia in eo ipso condemnat quod ibi insunt?

CATHANESIUS

Iam ergo, eamus oboedientiam redditum cuidam digno. Obviam medico proficiscamur civitatis nostrae aegrae, et una guttam omnem nostrum in catharticum patriae infundamus.[2]

LEVINIUS

Aut quantum ei opus sit ut flos salutaris[3] rigetur et herbae malae aqua suffocentur. Incipiamus iter ad Nemus Bernense facere.

Exeunt passu militari incedentes.

Scaena Tertia
V.3

Ingrediuntur Macbethus, medicus, et ministri.

MACBETHUS

Desinite mihi referre nuntia. Sinite omnes eos aufugere. Non debeo imbecillitatem propter metum prodere priusquam Nemus Bernense ad Dunsinanum se admoverit. Quis puer Milcolumbus est? Nonne editus muliere est? Mihi spiritus qui sciunt eventum mortalis omnis vitae sic pronuntiaverunt: "Solve metum, Macbethe, quod nemo editus muliere umquam te imperio tenebit." Aufugite, thani perfidi, et miscete helluonibus Anglicis. Mens quae me dirigit et animus in medio mei neque propter dubium languebunt umquam neque propter metum trement.

Ingreditur servus.

Te damnet diabolus corpore tuo vertendo in carbonem in ignibus Inferni,[1] tu caudex cuius vultus flori lactis[2] concolor est. Cur speciem prae te fers anseri?[3]

SERVUS
Sunt decem milia...

MACBETHUS
Anserum, stulte?

SERVUS
Militum, Domine.

MACBETHUS
I et punge faciem tuam ut dissimules metum tuum sanguine, puer cuius iecur concolor lilio est. Quos milites dicis, baro? Anima tua moriatur. Illae genae, albae quam linteum, metum in aliis excitabunt. Quos milites dicis, tu specie seri.

SERVUS
Exercitum Anglicum, si tibi lubeat.

MACBETHUS
Apage!

Exit servus.

Sum aeger animo, Setoni, cum conspicio —dico, Setoni — hic impetus potestatem meam in perpetuum continebit aut me de imperio proiicient[4]. Mihi satis est quod vixi. Vitae ratio deflorescit in autumno suo, et ea quae senectutem usitate sequuntur, ut honorem, amorem, obsequium, et catervas amicorum, non debeo sperare me habiturum. In vicem illorum, erunt maledicta, haud clara sed graviter sensa, verba falsa reverentiae, quae cor infirmum libenter infitiari vellet sed non audet. Setoni?

Ingreditur Setonius.

SETONIUS
Quid tibi placeat, Maiestas benigna?

MACBETHUS
Quid novi?

SETONIUS
Omnia audita, Domine, firmata sunt.

MACBETHUS
Pugnabo donec de ossa mea carnis caedatur. Da mihi tegmen.

SETONIUS
Iam illo non opus est.

MACBETHUS
Id induam. Mitte plures equites. Curre per regionem et suspendito cervice omnes qui metum dicunt. Da mihi tegmen. — Quid agit aegrota, medice?

MEDICUS
Minus aegra, Domine, quam alucinationibus crebris sollicitata quae eam impediunt ne dormiat.

MACBETHUS
Sana ex illo eam. Nonne menti aegrotae opitulari potes? Vellere ex memoria dolorem radicatum? Delere in cerebro miseria scripta? Et aliquo antidoto dulci quod oblivionem creat, ex sinu obstructo, purgare illam materiam periculosam quae cor onerat?[5]

MEDICUS

Ad levationem impetrandam illius generis, aegrae opus est ut se curet.

MACBETHUS

Digna canibus est medicina. Mihi non ex usu est. Veni, mihi indue tegmen. Da mihi scipionem[6] meum. Mitte, Setoni. — Thani a me aufugiunt, medice. Propera, Domine. — Si posses, medice, scrutare aquam[7] patriae meae atque discerne morbum eius. Restitue salutem purgando pristinam et integram. Tibi plausum impertirem ut repercussus iterum applaudat. — Exue hoc, dico. — Quae radix Pontica[8] aut senna[9], quod catharticum hos Anglicos detergeret? Aliquid de eis audivisti?

MEDICUS

Audivi, Supreme. Praeparatio regia tua facit ut de eis aliquid audiamus.

MACBETHUS

Affer[10] id post me. Neque mortem neque exstinctionem timebo priusquam Nemus Bernense ad Dunsinanum se admoveat.

Exeunt omnes, medico excepto.

MEDICUS

Si a Dunsinano procul abessem, non pecunia quidem me impelleret ut redeam.

Exit.

Scaena Quarta
V.4

Ingrediuntur Milcolumbus, Sivardus,
Macduffus, filius Sevardi, Taichius,
Cathanesius, Angusius, et milites,
passu militari incedentes.
Tympanum et vexillum.

MILCOLUMBUS

Spero, cognati, fore ut mox tuta sint cubicula nostra.

TAICHIUS

Non dubitamus.

SIVARDUS

Quae silva haec ante nos?

TAICHIUS

Nemus Bernense.

MILCOLUMBUS

Desecet omnis miles et praeferat ramum. Illud magnitudinem exercitus nostri celabit et speculatores decipiet ut de nobis perperam referant.

MILES

Fiet.

SIVARDUS

Didicimus modo tyrannum confidentem in Dunsinano constitisse. Nos patietur castra ponere et arcem obsidere.

MILCOLUMBUS

Spes eius est. Quandocumque pro eo possit capi utilitas, milites ordinum omnium deserunt.[1] Nulli praeter coactos de eo merent, sed corda sua alibi sunt.

MACDUFFUS

Prius iudicia retineamus quam eventum proelii scimus, ut iusta sint. Simus interim milites industrii.

SIVARDUS

Mox diiudicare poterimus ea quae vindicamus et quae debemus. Coniectura spes incertas tradit, sed proelium res pro certo decernet. Cuius causa, bellum geramus.

Exeunt passu militari incedentes.

Scaena Quinta
V.5

Ingrediuntur Macbethus, Setonius, et milites. Tympanum et vexillum.

MACBETHUS

Suspendite vexilla nostra in muris exterioribus. Clamor etiam est, "Veniunt". Tam robusta est arx ut obsidio ridenda esset. Ibi commorentur usque ad mortem fame et febre. Nisi quia transfugae a nobis eos firmavissent, advorsum eos audacter iremus, coram, et eos retro domum verberaremus. — Qui ille sonitus est?

Intus mulierum fletus.

SETONIUS

Fletus est mulierum, Domine benigne.

Exit Setonius.

MACBETHUS

Iuxta saporem timoris oblitus sum. Fuit cum stridor noctu me pavefaceret, et fabula de crudelitate comas meas, tanquam vivae essent, erigeret. Horroribus saturatus sum. Foeda bene nota cogitationibus cruentis meis diutius me non terrent.

Ingreditur Setonius.

Quae causa fletus illius fuit?

SETONIUS

Regina, Domine, mortua est.

MACBETHUS

Moreretur aliquo tempore, et mihi diceretur.[1] — Cras, cras, et cras, in hac semita angusta[2] repit diem de die usque ad syllabam ultimam temporis scripti et scribendi[3]. Atque nostri dies omnes priores stultis viam ad mortem pulverulentam illuminaverunt. Exstinctam, fac te exstinctam, candela brevis. Nihil est vita praeter umbram ambulantem, actor malus qui horam superbe incedit et aestuat in scaena, numquam postea audiendus. Vita est fabula fatuo dicta, plena strepitus furorisque, quae nihil significat.

Ingreditur nuntius.

Venisti aliquid nuntiatum. Nuntium, cito.

NUNTIUS

Domine benigne, debeo quidnam vidi nuntiare, sed id facere nescio.

MACBETHUS

Age dic, puer.

NUNTIUS

Nemus Bernense aspiciebam, vigilias agens in colle, et mox putavi nemus se movere incipere.

MACBETHUS

Mendax et vincte.

NUNTIUS

Iram tuam patiar si errem. Id veniens hinc minus quam tria milia passuum videre potes. Nemus movens, dico.

MACBETHUS

Si mentiaris, pendebis arbore proxima donec fame macrescas. Si verum dicas, liberum tibi est itidem mihi facere. Confidentiam meam supprimo et de sermonibus ambiguis dubitare incipio diaboli cuius mendacia videntur vera. "Noli timere priusquam Nemus Bernense ad Dunsinanum se admoveat", et nunc nemus ad Dunsinanum se admovet. Ad arma, ad arma, et ad aciem! Si id quod dicit verum sit, tum neque fuga neque cunctatio hic erit. Satietas me tenet solis, et naturae constantiam collabi volo. Facite tinnire campanam. Flate, venti. Cresce, exitium. Moriemur saltem gerentes tegmina.

Exeunt.

Scaena Sexta
V.6

Tympanum et vexillum.
Ingrediuntur Milcolumbus, Sivardus,
Macduffus, et exercitus suus, cum
ramis.

MILCOLUMBUS

Satis adfuimus. Deicite ramos et revelate vos. — Tu, avuncule[1] digne, cum consobrino[2] meo, filio tuo nobili, primum agmen[3] nostrum duces. Macduffus dignus et nos reliquum faciendum, secundum consilium, gubernabimus.

SIVARDUS

Valete. Si exercitum tyranni hac nocte inveniamus, vincamur si pugnare nequeamus.

MACDUFFUS

Facite ut tubae omnes strepant. Inflate omnes. Hos praecones clamatorios cruoris mortisque.

Exeunt.

Scaena Septima
V.7

Ingreditur Macbethus.

MACBETHUS

Ad palum me deligaverunt, et fugere nequeo. Ut ursus, tamen, cogor decertare. Qualis vir non editus muliere est? Talem formidem, aut neminem.

Ingreditur Sivardus Iuvenis.

SIVARDUS IUVENIS

Quod nomen est tibi?

MACBETHUS

Id audire metues.

SIVARDUS IUVENIS

Minime, etiamsi nomen tuum in Inferno ferventissimum est.

MACBETHUS

Mihi nomen "Macbethus" est.

SIVARDUS IUVENIS

Diabolus ipse non nomen dignius odio mihi dicere posset.

MACBETHUS

Nec terrificius.

SIVARDUS IUVENIS

Mentiris, tyranne invidiose. Ferro meo mendacium quod dicis probabo.

Pugnant. Sivardus Iuvenis interficitur.

MACBETHUS

Tu muliere editus es. Gladiis arrideo et tela vibrata viro edito muliere derideo.

Exit. Tubae strepunt. Ingreditur Macduffus.

MACDUFFUS

Illac clangor est. — Ostende os tuum, tyranne! Si occidaris, sed non a me, spectra uxoris liberorumque me in perpetuum inquietabunt. Non contra milites Hibernicos[1] miseros pugnare qui conductos sunt ut fustes vibrent possum. Contra te, Macbethe, aut in vaginam gladium meum recondam quo non usus ero. Veri simile est te ibi esse, quoniam sonores magni aliquem nobilissimum nuntiare videntur. Si, Fortuna, mihi permittas eum invenire, nihil aliud poscam.

Classicum canitur. Ingrediuntur Milcolumbus et Sivardus.

SIVARDUS

Hac, Domine. Castellum comiter[2] deditum est. Viri tyranni utrimque pugnant. Thani nobiles in bello fortiter agunt, et prope vicisti. Superest non multum faciendum.

MILCOLUMBUS

Hostes offendimus qui ad latera nostra[3] feriunt.

SIVARDUS

Intra castellum, Domine.

Exeunt. Tubae strepunt. Ingreditur Macbethus.

MACBETHUS

Cur stultum Romanum imiter et gladio incubem? Dum viros vivos videam, plagae illos melius quam me decent.

Ingreditur Macduffus.

MACDUFFUS

Converte te, canis ex Inferno. Converte te.

MACBETHUS

Ex hominibus omnibus, te potissimum vitabam. Egredere! Iam anima mea nimium sanguinis tui fert.

MACDUFFUS

Nulla verba habeo. Vox mea in gladio est, tu sceleste cruentior quam ut verba exprimere possint.

Digladiantur. Tubae strepunt.

MACBETHUS

Frustra eniteris. Gladio acuto tuo, magis faciliter aerem seces, quem non secari potest, quam sanguinem meum effundas. Percutias capita quae vulnerari possunt. Vita mea divinitus munitur atque se nemini edito muliere concedet.

MACDUFFUS

Abiice fidem de praesidio divino, atque sine diabolum quem servas ut tibi dicat Macduffum ex utero matris eius ante tempus scissum esse.

MACBETHUS

Devota diris lingua sit quae mihi

sic dicit, quia virtutem[4] meam
domuit. Non credantur diaboli illi
diutius, verbis praestigiatores, qui
ambigue dicunt et nos promissis
sustinent, spes nostras tamen
denique frustrantes. Cum te non
confligam.

MACDUFFUS

Se ergo dede, ignave. Vive ut
exhibitio et monstrum ad
spectatores oblectandos fias.
Imaginem tui ipsius pictam in
assere ponemus, ut monstrorum
nostrorum rariorum, et scriptum
subtus, "Hic tyrannum spectare
potes."

MACBETHUS

Me dedere recuso, ut neque
terram ante pedes Milcolumbi
iuvenis osculer neque diris vulgi
opprobrer. Etiam si Nemus
Bernense ad Dunsinanum se
admoverit, et tu adversarius meus
sis, qui muliere non editus est,
decertabo. Clipeum prae me
tenebo. Aggredere, Macduffe,
atque damnetur qui primum
clamitat, "Desine, finis sit."

Exeunt pugnantes. Tubae strepunt.
Ingrediuntur iterum pugnantes.
Macbethus caeditur. Exit Macduffus
cum mortuo Macbethi. Receptui
classicum. Clangor tubae victoriam
pronuntians. Ingrediuntur, cum
tympano vexilloque, Milcolumbus,
Sivardus, Rossius, Thani, et milites.

MILCOLUMBUS

Utinam amici absentes hic tute
convenissent.

SIVARDUS

Sunt quibus moriendum est. Ex
praesentia illorum quos video,
hunc diem magnum pretio parvo
emptum esse colligo.

MILCOLUMBUS

Desiderati sunt Macduffus et filius
tuus nobilis.

ROSSIUS

Filius tuus, Domine, debitum
militis persolvit. Aetas sua tantum
suffecit ad adolescendum. Simulac
fortitudo virtutem eius probavit[5]
mortuus est ut vir, non recedens a
pugno.

SIVARDUS

Mortuus?

ROSSIUS

Ita est, et ex loco proelii portatus
est. Noli maerorem tuum
aequiparare dignitati eius, quod
aliter dolor aeternus erit.

SIVARDUS

Vulnera adversa fuerunt?

ROSSIUS

Vero, adversa.

SIVARDUS

Iam ergo miles Dei fiat. Si tot
filios quot capillos haberem, illis
mortem meliorem non vellem.
Campana funebris ei sonare facta
est.

MILCOLUMBUS

Dignus est plure maerore, et ei
illum donabo.

SIVARDUS

Nihilo plus meretur. Eum ferunt
bene mortuum esse et debitum

eius persolvisse[6]. Cum eo Deus sit.
— Ecce nuntium optatius.

Ingreditur Macduffus cum capite
Macbethi.

MACDUFFUS

Ave, Rex, ita enim es.
Animadverte ubi caput scelestum
usurpatoris stat. Patria libera est in
aetatibus nostris. Margaritas regni
te amplexos esse video, habentes
in animis salutationem meam.
Peto ut clara voce mecum dicant,
"Ave, Rex Scotiae".

OMNES

Ave, Rex Scotiae.

Sonitus excelsus tubae.

MILCOLUMBUS

Non diu gratias referre vobis
singulatim et rationes reputare
morabimur. Thani et propinqui,
vos dicimus comites, primos in
Scotia umquam. Reliqua omnia,
quae tamquam planta serantur[7] in
hoc saeculo novo — sicut revocatio
de exsilio amicorum peregre qui
tyrannidem vigilantem confugerant,
et investigatio administratorum
crudelium huius carnificis mortui
reginaeque diabolicae, quae, aiunt,
violenter se interfecit — haec et
cetera necessaria curae nostrae
faciemus, Deo favente, sub tempus
idoneum locumque. Vobis gratias
agimus coniunctim et singulatim.
Vos ad Sconam invitamus ut nos
diadema accipere spectetis.

Sonitus excelsus tubae. Exeunt
omnes.

Finis

APPENDIX A

Translating Proper Names

Where it is possible to do so, Latin translations of English and Scottish proper names in *Macbeth* are adopted from dictionaries and from historical, geographical, legal, and academic sources. Feminine toponyms are masculinized for the lords of those lands, such as thanes.

English Name	Chosen Latin Name	Source(s) / Explanation
Aleppo	Beroea	Ref. #2.
Angus	Angusius	Toponym is *Angusia* (refs. #3, #20, #21).
Banquo	Banquho (-onis)	Ref. #9.
Birnam Wood	Nemus Bernense	Ref. #9.
Caithness	Cathanesius	Toponym is *Cathanesia* (refs. #3, #8, #9, #20, #21).
Cawdor	Calderia	Ref. #3.
Colmekill	Iona	Refs. #8, #116, #118.
Cumberland	Cumbria	Refs. #2, #8, #9, #81.
Donalbain	Donalbanus	Ref. #8, Book 7. Appears as "Donaldus Banus", in the section on the 87th king (LXXXVII. R.). Foliation is unreliable; should be fo. 76*v* but is marked fo. 74.
Duncan	Duncanus	Refs. #3, #8, #9.
Dunsinan Hill	Collis Dunsinanus	Ref. #8, Book 7. *Dunsinanus* (-*a*) appears as an adjective. In the section on the 85th king (LXXXV. R.), there appear both *colle Dunsinano* (fo. 73*v*) and *arcem Dunsinanam* (fo. 74*v*).

Fife	Fifa	Ref. #9.
Fleance	Fleanchus	Ref. #9.
Forres	Forresia	Ref. #3.
Glamis	Glammis	Ref. #8, Book 6. In the section on the 83rd king (LXXXIII. R., fo. 71*n*) appears the phrase *apud Glammim.* As the name of a town with accusative in *-im,* the nominative must be *Glammis* (3rd decl., *i*-stem). *Glammis* appears also in refs. #9 and #22, and *Glammys* in refs. #9 and #34. The names *Glammius* (nominative), *Glammio* (ablative), and *Glammisii* (genitive) appear elsewhere in Buchanan's work. *Glammisii, Glames,* and other forms occur in ref. #22, and *Glamius* in ref. #35.
Hebrides	Aebudae	Refs. #1, #3.
Hecate	Hecata	Latinized form of Greek *Hecate* (Ἑκάτη).
Inverness	Innernessa	Ref. #21.
Lennox	Levinius	Toponym is *Levinia* (refs. #3, #8, #21, #22).
Macbeth	Macbethus	Ref. #8.
Macdonald	Macdonaldus	Refs. #1, #3.
Macduff	Macduffus	Ref. #8.
Malcolm	Milcolumbus	Refs. #3, #8.
Monteith	Taichius	Toponym is *Taichia* (refs. #8, #18, #19, #20, #21, #23).
Norway	Norvegia	Ref. #2.
Norwegian	Norvegicus (for things)	Ref. #16.

	Norvegianus (for persons)	Ref. #17.
Ross	Rossius	Toponym is *Rossia* (refs. #3, #21).
Scone	Scona	Ref. #8.
Seyton	Setonius	Ref. #8.
Sinel	Sinelis (genitive)	Ref. #9. *Syneli* is dative, making the inferred genitive *Synelis*. The "y" is changed to "i" for better consistency with classical spelling.
Siward	Sivardus	*Siwardus* in refs. #10, #13, #24, #25. The "w" is changed to "v" for better consistency with classical spelling.
St. Colum	Sanctus Columba	Ref. #154. *Columba* is feminine in form but masculine in gender.
Sweno	Svanus	Refs. #26, #155.

APPENDIX B

✦

Translating Styles of Address and Reference

The Latin translation uses various styles that mimic, in attitude or tone, those in the play. For example, in direct address, *Domine* (vocative of *Dominus*) appears for both "Sir" and "Lord", with or without flattering modifiers, such as *benigne* (kind, benevolent, gracious, generous), *digne* (worthy), and *regi maxime* (most royal). When the context demands a loftier note, but not quite "Your Majesty", the translation uses one of the following styles.

    (a) *Supreme* (vocative of *Supremus*) for "liege", or one to whom fealty is due (ref. #64).

    (b) *Sublimitas Vestra*, roughly equivalent to "Your Highness", which appears in various ancient works, including Augustine's *Epistulae* 133 and 134.

    (c) *Celsissime* (vocative of *Celsissimus*), for a man who is more prominent than those around him. This adjective occurs in a few ancient texts to convey exceptional elevatedness, such as Augustine's *De civitate Dei* (I.24).

    (d) *Magnitudo Vestra*, to capture the spirit of "Your Greatness".

    (e) *Clementia Vestra*, meaning "Your Clemency", "Your Grace", "Your Gentleness", or something equally downy.

The Latin translation renders the grandest style, "Your Majesty", as *Maiestas Vestra*. Because both King Duncan and King Macbeth sometimes, but not always, use the royal "we" or "our" (as Malcom does at the end), a case can be made that the direct-address determiner in Latin should be plural also. In other words, "Your Majesty" should be expressed as *Maiestas Vestra* rather than *Maiestas Tua*. In fact, Roman emperors themselves were commonly addressed in the plural (ref. #168, p. 84); an example of this style occurs in *Historia Augusta* (Probus): *vel illum vel alium quempiam Maiestas Vestra fecisset.*

In direct address, the gender of the monarch is obvious — after all, one is speaking either to the king or to the queen — even though neither the English determiner ("Your") nor the Latin (*Vestra*) specifies gender. In a referential context, however, the gender can be ambiguous inasmuch as the Latin determiner *Sua* or *Eius* does not distinguish "His" from "Her". Consequently, whereas the English style "His Majesty" is clear with respect to gender, the corresponding Latin *Maiestas Sua* or *Maiestas Eius* is not. Therefore, when gender ambiguity is present, the Latin translation replaces *Sua* or *Eius* with either *Regis* ("of the king") or *Reginae* ("of the queen"). *Maiestas Regis* becomes the equivalent of "His Majesty" and *Maiestas Reginae* "Her Majesty".

APPENDIX C

Explanatory Notes on Interpretation and Translation

The note number, in the first column, corresponds to the superscript in the Latin text. To help the reader find the passage in English editions of the play, the line number in Furness (ref. #5) appears in the second column. Because the basis of this translation is the First Folio (1623), act and scene divisions are the same, but spellings are modernized. Furness splits the Folio's V.7 into two scenes, which he numbers "7" and "8", causing line numbers in this appendix to assume the form "V.8..." from note 4 in V.7 to the end. The abbreviation "S.D." means "stage direction".

Act I, Scene 1

1   I.1.11   **"Upon the heath"**
The Latin translation for "heath" is *ericetum* (ref. #1), which derives from Pliny's word for heather, *erice* (refs. #78, #79).

2   I.1.13   **"Graymalkin"** or **"Grimalkin"**
An archaic proper name for a cat. Because no Latin equivalent exists, the choice is either to adapt the common noun *feles* as a proper name, or to Latinize "Grimalkin" to *Grimalkinus* or *Grimalkina*. The latter approach was taken in a children's storybook, though whimsically, where the name *Grimalkinus* appears in a Latin phrase parodied as *sic transit Grimalkinus Primus*, or "thus passes King Cat" (ref. #130, p. 87). The feminine form, *Grimalkina*, whether Latin or not, occurs in a certain humorous poem in which it refers to a female cat whose squalling gets the attention of a nearby tom (ref. #129, p. 256). In the present passage, without a clear gender for the cat in question, the chosen Latin translation is *Grimalkina* because the other characters in this scene are female.

Act I, Scene 2

1   I.2.19   **"Of kerns and galloglasses is supplied"**
Kerns and gallowglasses were, respectively, lightly and heavily armed Irish soldiers (ref. #101, p. 153, n. 13; ref. #5, p. 17, n.

19; ref. #30, p. 96, n. 13; *OED*, entries "kern" and "galloglass"). Sir Edward Coke (ref. #163, p. 358) describes kerns as foot-soldiers who use spears (*pedites qui jaculis utuntur*) and gallowglasses as cavalrymen in the third battle line who use very sharp axes (*equites triarii qui securibus utuntur acutissimis*). Other translations of *Macbeth* carry these two terms directly into the target languages: *Kernes* and *Gallow-Glasses* in Guizot (ref. #104, pp. 232-233), *kerns* and *gallowglasses* in Beljame (ref. #123, p. 7), and *Kernen* and *Gallowglassen* in Schlegel-Tieck (ref. #160, p. 280). However, the present Latin translation takes a different approach by collectively and broadly calling these troops "Irish mercenaries", a succinct and informative alternative to **(a)** Latinizing the two names, which would be unhelpfully esoteric, or **(b)** describing the troops, which would be ponderous in a fervid battle report being made face-to-face by an excited soldier to his king.

2   I.2.20   **"And Fortune on his damned quarry smiling / Showed like a rebel's whore"**
See ref. #5, p. 18, n. 20. The Latin translation interprets "quarry" as "cause" or "quarrel" — not as "quarry" in the sense of "foe", as suggested by some scholars. The soldier reporting to Duncan would not liken Fortune to a whore for supporting Macdonald's own quarry, if that word referred to Macdonald's enemy. Moreover, "quarry" cannot refer to the "kerns and galloglasses" having been doomed to become Macbeth's quarry because Macbeth has not been mentioned yet.

3   1.2.45   **"cannons overcharged with double cracks"**
In three places, Comenius (ref. #12) attaches the word *tormentum* to pictures of field artillery commonly recognized as cannon. Moreover, the word appears in ancient texts where it refers to a military engine (*e.g.*, Caesar's *Gallic Wars*). This word, therefore, is chosen for the Latin translation over others that are less classical, such as *bombard[a]* (refs. #1, #14), *cannones* (ref. #14), and *catapulta ignipotens* (ref. #1).

4   1.2.76   **"Ten thousand dollars, to our general use"**
For "dollar", the translation uses *thalerus*, short for *thalerus Ioachimicus*, which derives from the German *Joachimsthaler* (ref. #27, entry *Thaler*; ref. #28, p. 561; ref. #29, entry *Taler*).

Act I, Scene 3

1 I.3.9 **"the rump-fed runyon cries"**
Although "rump-fed" as an insult is interpretable in more than one way, the Latin translation takes it to mean "fat in the buttocks" (ref. #5, pp. 31-32, n. 9, Nares; ref. #114, p. 125, n. 5).

2 I.3.32 **Drum within**
   S.D. To convey the notion of being offstage, the Latin translation uses the word *parascaenium*, which is the wing on either side of the stage (ref. #82, pp. 56 & 65).

For the drum itself, the adjective *inane* is chosen to modify the noun *tympanum* in order to differentiate the latter from a tambourine, as, for example, in Ovid's *Metamorphoses*:

> *Tympana cum subito non adparentia raucis obstrepuere sonis* (when suddenly unseen tambourines made a racket with their harsh sounds).

3 I.3.53 **"All hail Macbeth, hail to thee Thane of Glamis"**
"All" means "altogether" (ref. #85, p. 63) and "hail" means "healthy" or "whole" (ref. #86, p. 282). "All hail" as a phrase has been disconnected from its original verb, "to be", thereby evolving into a distinct interjection unto itself. Originally, the greeting was "may you be altogether healthy" or "may you be altogether whole". "All hail Macbeth" does not mean "may everyone greet Macbeth", or "let all praise Macbeth", although the act of greeting someone can be seen, by implication, as tantamount to wishing that person good health. Florio's dictionary of 1611 groups together the English verbs "alhaile", "salute", "greet", and "bid good morrow", under the single Italian verb *salutare* (ref. #84, p. 461), implying the social interchangeability of these words in Shakespeare's time. In this passage, the Latin translation uses the adjective *salvus* with a subjunctive form of *esse*; elsewhere in the text it uses the verb *salutare*.

4 I.3.78 **"A prosperous gentleman"**
There is no single comprehensive Latin term for "gentleman".

An adjective having the desired shade of meaning must be selected. In this instance, *ingenuus* seems appropriate, as it implies urbanity, respectability, and the use of proper manners (ref. #47), as well as honesty and excellence of family (ref. #48).

5 I.3.99 **"when he reads / Thy personal venture in the rebels' fight"**
The Latin translation takes "when he reads" to mean "when he thinks about" (ref. #30, p. 104, n. 90; ref. #114, p. 130, n. 88).

6 I.3.101 **"His wonders and his praises do contend, / Which should be thine, or his: silenced with that..."**
This passage is translated into Latin as "his admiration and praise contend over what should belong to you and what to the king". Duncan, on first reaction to Macbeth's triumph, wonders whether the kingdom rightly belongs to Macbeth. Ross and Angus believe that the King is about to abdicate out of gratitude. As Sprague explains it (ref. #137), "they tell Macbeth that the King's wonder contends with his ability to praise", and that the King now ponders what should belong to Macbeth and what to himself. But Duncan wisely stops short of saying this aloud ("silenced with that").

7 I.3.103 **"In viewing...He finds thee in the stout Norwegian ranks / Nothing afeard"**
The chosen interpretation is to the effect that, having being "silenced" in the preceding line, Duncan resumes reading the battle report for that day, discovering Macbeth to be valiantly fighting the brave Norwegian troops.

8 I.3.106 **"Strange images of death"**
The chosen translation into Latin is *plurimam mortis imaginem*, a case-adjusted quoting of *plurima mortis imago* ("many an image of death") from Vergil's *Aeneid* (ref. #138, p. 109, Book II, line 369). Aeneas is recalling the fighting at Troy, a situation similar to that in this passage of *Macbeth*.

9 I.3.171 **"My dull brain was wrought with things forgotten"**
Macbeth has been woolgathering about killing Duncan. Presumably, regicide is a course of action that Macbeth, after having considered it in the recent or remote past, eventually

demoted to the back of his mind. The witches' prophecy has brought the idea forward once again. See ref. #80, pp. 98-99. The Latin rendering captures Macbeth's inattention by the notion of being pulled away (*distractus*).

<u>Act I, Scene 4</u>

1   I.4.32   **"And our duties are to your throne and state, / Children and servants, which do but what they should / By doing everything safe toward your love / And honour"**
See ref. #5, p. 63, n. 34. The word "safe" can be an adverb meaning "without deviation" (ref. #111), and "safe toward" may mean "with sure tendency" (ref. #101, p. 167, n. 27). Beljame's translation has the love and honor flowing from the children and servants to their king (ref. #123, p. 31):

> *des enfants et des serviteurs, / Lesquels ne font que ce qui leur incombe en faisant toute chose / Qui va sûrement à vous marquer affection et respect* (children and servants who only do what is incumbent on them, by doing everything that goes with certainty toward showing you affection and respect).

Guizot's translation reverses the flow (ref. #104, p. 242):

> *qui ne font que ce qu'ils doivent en faisant tout ce qui peut mériter votre affection et votre estime* (who only do what they must, by doing everything that can merit your affection and respect).

Hudson wonders whether Shakespeare intentionally left the direction of flow ambiguous (ref. #97, p. 64, n. 7), and Braunmuller cites an opinion that this passage is "strained and obscure on purpose" (ref. #114, p. 136, n. 27). Therefore, all things considered, the Latin translation chooses to retain the ambiguity and interpret the passage thus:

> And our duties are to you and the kingdom; they are children and servants doing what they should, steadfastly, for the sake of your love and honor.

Act I, Scene 5

1   I.5.6   **"they made themselves air"**
The witches made air for themselves (around themselves) and then vanished into it (ref. #5, p. 69, n. 6).

2   I.5.7   **"came missives from the King"**
The missives are actually messengers here; the messages themselves are oral rather than written (ref. #87, p. 6; ref. #30, p. 111, n. 6).

3   I.5.8   **"who all-hailed me Thane of Cawdor"**
Macbeth has turned into a verb the phrase "all hail" (see note 3 in I.3). It comprises an adverb ("altogether") and an adjective ("hail"). As a verb, it makes this clause mean "who greeted me with wishes for my altogether good health". See ref. #86, entry "Hail", p. 282. The Latin translation employs the verb *salutare* to capture the composite sense of greeting, saluting, and well-wishing.

4   I.5.13   **"Lay it to thy heart, and farewell"**
Macbeth is asking his lady wife to "ponder deeply upon" the matter (ref. #88, entry "To lay to heart", p. 189). Scholars take this to mean either "give it serious consideration" or "keep it secret", but arguments in the literature on the whole are not persuasive. A more logical reading for the context would be either "take this seriously" or "feel this deeply", given that, as Munro puts it, Macbeth's "ambition was already hers, and had burned itself into her very soul" (ref. #139, p. 31).

5   I.5.17   **"milk of human kindness"**
This probably does not refer to kindness in the modern sense (compassion, tenderness of heart). Moulton (ref. #5, pp. 70-71, n. 17) points to the original, broader, meaning of the adjective "kind", indicating someone who kept to nature; this use of the word would have registered with an Elizabethan audience. He argues that a lack of hardness of human nature causes a "shrinking" from what is unnatural (a feature of being practical). Accordingly, Lady Macbeth believes her husband unable to commit regicide, not because he is good at heart, but because the act is unnatural, abnormal, and unconventional.

In other words, he shrinks from whatever goes against nature. Rolfe quotes Ulrici (ref. #101, p. 169, n. 15) that Macbeth has been checking his personal ambition up to this point in the drama, keeping it "under the discipline of the law" without yet having "gone beyond the lawful limit". Along this line, Nevo sees Macbeth as feeling revulsion at the murder in proportion to his "hidden desire" (ref. #91, p. 224). Asp says that Lady Macbeth understands her husband's "fascination with violence but not his terror of its effects" (ref. #90, p. 157), and Muir concludes that Lady Macbeth considers her husband "squeamish and sentimental" (ref. #89, p. 27, n. 17). Because there is no clean Latin rendering of the milk-and-kindness metaphor, the translation replaces it with its direct meaning from the collective argument above, to the effect that Macbeth is afraid of going against nature.

6   1.5.23   **"Thou'dst have, great Glamis, that which cries, / 'Thus thou must do' if thou have it; / And that which rather thou dost fear to do, / Than wishest should be undone"**
See refs. #97 (p. 187), #101 (p. 169, n. 20-23), and #114 (p. 139, nn. 21, 22). Brooke rightly calls the syntax in this passage "clotted" (ref. #30, p. 112, n. 23-4). The Latin translation takes the following reading.

> You want, Great Glamis, that which cries out, "You must do this", if you intend to get what you want. And what you must do, you fear doing yourself more than you want it not to be done.

In other words,

> What you want, Glamis, demands that you do a particular something in order to get it. And you fear being the one to do that particular something more than you want it not to be done at all.

7   I.5.44   **"That croaks the fatal entrance of Duncan"**
The chosen interpretation of "fatal" is not just that Duncan's entrance is going to lead to his death, but also that his death is, at least in the mind of Lady Macbeth, destined. Therefore, the adjective *fatalis* is more suitable than *letalis*.

8   I.5.46   **"unsex me here"..."Make thick my blood...visitings of nature"**
La Belle's argument (ref. #92) is strong that Lady Macbeth asks to be rendered less feminine and more masculine in order to change her personality into one not restrained by compassion or remorse. She wants to be freed of the "*psychological* characteristics of femininity", a liberation that requires eliminating the "*biological* characteristics of femininity". Thus, she wants the spirits to thicken her blood and stop her menses, thereby blocking the flow of blood between womb and heart, from which organ the emotion of pity is thought to flow.

9   1.5.50   **"visitings of nature"**
Menstrual periods, according to La Belle (ref. #92). The Latin translation maintains this euphemism.

10   I.5.82   **"to alter favour, ever is to fear"**
This sentence is inverted for the sake of rhyming (ref. #30, p. 114, n. 71; ref. #114, p. 143, n. 70). It actually means "if you fear, then your countenance will change".

Act I, Scene 6

1   I.6.2 S.D.   The opening of this scene calls for "hautboys", "hoboyes", or "hautbois", reed instruments that gradually evolved into the modern oboe. To fill the obvious gap in the Latin lexicon, the translation has coined the word *clarilignum*, a compound that renders literally the original French name *hautbois*, meaning "loud wood".

2   I.6.6   **"the air...recommends itself unto our gentle senses"**
An example of rhetorical prolepsis (ref. #97, p. 70, n. 1; ref. #114, p. 144, n. 3). The sweetness of the air has made Duncan's senses gentle (*i.e.*, calm, placid), with the result preceding its cause. For clarity, the Latin translation has the air soothing his senses.

3   I.6.9   **"temple-haunting martlet [barlet] does approve"**
Daly elaborates the martlet's role as a symbol in religious contexts (ref. #140). Although superstition held that martins avoided houses inhabited by evil people, neither the nesting martins nor Duncan nor Banquo knows that evil is about to

occur in Macbeth's castle. As Duncan arrives, humans misinterpret the situation, reflected in Banquo's being deceived by the nesting martlets. Because of the importance of the nesting he observes, the Latin translation of this passage mentions it explicitly.

4 **"martlet [barlet]"**

The *OED* glosses "martlet" as a swift or house martin. "Barlet" may be a typographical error for "marlet", which is an alternate spelling of "martlet" (ref. #30, p. 115, n. 4; ref. #114, p. 144, n. 4), although Papadinis challenges this supposition (ref. #98, p. 107, n. 7-8). The bird Banquo mentions is probably the common house martin (*Delichon urbicum*), inasmuch as its well-known habit of building nests on outside walls and on the undersides of protrusions is consistent with Banquo's description of the scene ("pendant bed and procreant cradle" on every projecting part of the structure). Papadinis also argues for the martin on this point, but she goes further with two additional points:

> **(a)** Banquo's epithet "guest of summer" accords with the martin's annual arrival in March and departure in November;
>
> **(b)** the martin is active at dusk, the time of Duncan's arrival at Macbeth's castle.

The chosen Latin translation for "martin" is *hirundo,* because this word, while it applies to the swallow in general, appears in the literature attached to birds that display the nesting behavior of martins:

> **(a)** *ante garrula quam tignis nidum suspendat hirundo,* or "before the chattering martin [swallow] suspends her nest from the beams" (Vergil);
>
> **(b)** *hirundo sub trabibus cunas tectaque parva facit,* or "the martin [swallow] makes a cradle and tiny house under the beams" (Ovid).

5 I.6.10 **"By his loved mansionry [mansonry]"**

Papadinis (ref. #98, pp. 107-108, n. 10) proposes two possible meanings: **(a)** "the dwelling-place that the martins love" or **(b)** "the martins' nesting at the castle that is beloved by the people around". Choice "**a**" seems quite logical inasmuch as the martin "approves" the agreeable environment of the castle by choosing to build nests there. The Latin translation paraphrases this as "because it nests here".

6   I.6.11   **"jutty"**
Vitruvius uses the word *ecphora* (from the Greek) to refer to parts projecting from buildings, in particular, at the tops of columns (ref. #102, p. 137).

7   **"frieze"**
Vitruvius uses the word *zophorus* (from the Greek) to refer to a frieze between the architrave and cornice of a column (ref. #102, p. 133; ref. #103, entry *Zophorus*).

8   I.6.12   **"coign of vantage"**
There is no consensus on this term among scholars. But *OED* (entry "Coign") defines "coign of vantage" as "a favorable position for observation or action". The French *vantage* is a locational point of view, and *OED* defines "coign" itself as a "projecting corner or angle". Therefore, the chosen Latin translation is *angulus opportunus*, for both the corner and its favorability.

9   I.6.12   **"but this bird / Hath made his pendant and procreant cradle; / Where they must [most] breed and haunt, I have observed / The air is delicate."**
There are at least two plausible readings of this passage. In the first, which arises from Brooke's punctuation appearing above (ref. #30, pp. 115-116, nn. 8-10), Banquo is claiming that the birds nest where the air is agreeable.

> "but this bird has made his pendant bed and procreant cradle. Where they prefer to breed and haunt, I have observed the air is delicate".

In the second, which requires different punctuation, Banquo is confirming the king's earlier remark on the air's agreeableness.

> "but this bird has made his hanging nest and cradle for procreation, where they must [most] breed and haunt. I have observed the air is delicate".

The Latin translation takes the first reading because it flows more smoothly and brings more coherence to Banquo's observation.

10   I.6.17   **"the love / That follows us...is our trouble...And thank us for your trouble"**
Duncan is telling Lady Macbeth that as he accepts the trouble his subjects' love causes him, precisely because their love for him is the cause, she should accept the trouble his love is causing her, because his love for her (and for her husband) is, likewise, the cause.

11   I.6.27   **"We rest your hermits"**
A hermit in this context is a beadsman, or a pensioner who prays for his or her benefactor (ref. #30, p. 116, n. 21; ref. #5, p. 91, n. 27; *OED*, entries "Hermit" and "Beadsman"). Guizot, in his French translation of *Macbeth*, says that a "beadsman" was probably a man who agreed to pray a certain number of times on the rosary (*chapelet*) on behalf of someone else, and that the beadsman so entrusted was usually a hermit (ref. #104, p. 246, n. 1). Latin lacking a noun-equivalent, the clause "we rest your hermits" has to become a verb-equivalent, such as "we shall continue praying for you".

12   I.6.29   **"We...had a purpose / To be his purveyor"**
One who prepares in advance to provide food for the king. By calling himself the "purveyor", Duncan implies simply that he wanted to arrive before Macbeth.

Act I, Scene 7

1   I.7.3   **sewer**
     S.D.   Attendant whose duty was to superintend a meal and taste the food (*CODEE*). The sewer brought and removed dishes at a feast (ref. #141, entry "Sewer"), and tasted and placed the dishes in order (ref. #142, p. 512, col. 1). The chosen Latin translation is the Greek noun *tricliniarches*, which specifies a person who

      (a) was like a *maître d'hôtel*, one who oversees waiters and busboys, welcomes guests, and assigns them to tables (ref. #37; entry *Tricliniarcha*);

    (b) was the chief servant who had charge of the table (ref. #105);

    (c) superintended the table (ref. #143, pp. 50-51);

    (d) maintained the *triclinium* (dining room), served as "master of ceremonies" at feasts, and managed banquets (ref. #144, pp. 50-52);

    (e) "arranged the food, and took care that the dishes were served in a pleasing manner" (ref. #145, p. 167).

2   I.7.5   **"If it were done...then 'twere well / It were done quickly"**

See ref. #5, pp. 94-95, n. 5-7. All would be well if the deed were performed fast, or soon, but only if, in fact, it ended right then and carried no negative consequences.

3   I.7.6   **"if th'assassination / Could trammel up...and catch / With his surcease, success"**

See refs. #5 (p. 95, n. 6-11, Staunton) and #97 (p. 73, n. 3). In this context, success is not the satisfaction of intention (modern sense of the word) but rather whatever ensues naturally from an act (Elizabethan sense of the word). If, therefore, the murder could ensnare its own negative consequences, then the Macbeths would go forward and risk their souls in the afterlife.

4   I.7.10   **"But here, upon this bank and shoal of time, / We'd jump the life to come."**
"But heere, upon this Banke and Schoole of time, / Wee'ld jumpe the life to come."

See refs. #146, #147 (p. 567), and #148 (p. 106). This passage may be an allusion to gambling, using Elizabethan argot. "Banke" may refer to card-playing itself or to a stock of money held for the purpose of wagering. "Schoole of time" may indicate a place where a game will be held, or a group of persons who will run a game. "To jump" may be a synonym for "to hazard" or "to take a chance". In this metaphor, murdering the king is a game of chance (*alea*) with the Macbeths betting their eternal souls (*animas*).

5   I.7.26   **"Striding the blast, or Heaven's cherubim"**

Renaissance iconography depicts the cherub as a chubby male child with wings, associated with Cupid and the feeling of being in love. However, biblical cherubim were strong, winged creatures charged with enforcing God's will. There are other interpretations, too, but which of them is Shakespeare's is unclear, although from the context he may have Judgment Day in mind:

> Heaven's cherubim, horsed / Upon the sightless couriers
> of the air, / Shall blow the horrid deed in every eye / That
> tears shall drown the wind.

Such fanciful imagery would be consistent with Macbeth's state of mind. Even though the words *cherub*, *cherubim*, and *cherubin* do appear in ancient Latin texts, this translation of the play opts instead for a description of the cherubim, and a minimalist one at that ("winged angels"), because it sharpens the imagery of the passage without compromising the basic meaning.

6   I.7.55   **"who dares <u>do</u> more is none" *vs.* "who dares <u>no</u> more is none"**
The latter appears in the Folio and does not make sense in context; the former is Rowe's emendation, presumably correcting the error (ref. #150, p. 2314). Hunter argues that the latter, in the Folio, is the correct text but that it belongs to Lady Macbeth and that it should be the first sentence of her next line, in which place it does make sense (ref. #149, pp. 178-180). The Latin translation takes the reading with "do" because it creates coherence in its own context.

7   I.7.74   **"chamberlains"**
It is unclear whether Shakespeare means chamberlain or guard. But because he uses the very word "chamberlain", the chosen translation is *cambellanus*, the medieval word for a chamberlain who attended the king personally (ref. #107, entry "Chamberlain").

8   **"his two chamberlains / Will I with wine and wassail so convince"**
"[C]onvince" in this context means "overthrow", coming from the Latin *convincere* (to conquer).

9   I.7.76   **"That memory, the warder of the brain, / Shall be a fume, and the receipt of reason / A limbeck only"**

This passage is an elaborate distillation metaphor. To prevent oversimplification, the Latin translation follows this metaphor almost verbatim. In the Renaissance, there was a concept of the brain's three ventricles (ref. #106, p. 48): **(a)** *anterior*, which receives signals from the five senses, **(b)** *central*, which receives percepts from the anterior, and then reasons from them, and **(c)** *posterior*, which receives thoughts from the central for storage as memory. When the central begins to reason about something already consigned to memory, the posterior passes the needed information back to the former. Lady Macbeth implies the posterior ventricle, where memory resides, to be the warder, or guardian, of the brain, presumably by blocking noxious vapors that rise from the stomach (ref. #30, p. 121, n. 66-68).

If memory is reduced to vapor, it rises into and fills the central ventricle, which is the "receipt" or "receptacle" of reason, thereby bringing disorder to the process of thinking. The central ventricle becomes analogous to the limbeck, or alembic, the cap of a still, that part of the apparatus into which vapor rises (ref. #166, p. 21). For "limbeck", the Latin translation uses the word *alembicum* (ref. #165).

Lady Macbeth *may* mean that the alcohol will rise from the stomach as vapor into the memory, carrying itself up into the reason. In this image, the stomach is the pot (cucurbit) of the still and the central ventricle is the cap. See refs. #5 (p. 111) and #30 (p. 121).

Act II, Scene 1

1   II.1.22   **"This diamond he greets your wife withal"**

No unambiguous Latin term for "diamond" exists. The word *adamas* refers not only to diamond but also to other kinds of stone, and it was "indiscriminately used in the ancient world to describe any unusually hard substance", metals included (ref. #109, p. 190). Because in the context of this play the stone does not have to be a diamond, the word *gemma*, for "gemstone", is the chosen translation.

2   II.1.66   **"Alarumed by his sentinel, the wolf, / Whose howl's his watch"**
This passage is an extended metaphor. The wolf stalks about for prey and, when he finds a victim, howls to "withered Murder" (a personification of the act), who, in turn, springs to action. The howl itself is the signal, the watchword. In this case, "his" refers not to the wolf but to Murder. The Latin translation implies this with *lupo ululanti.*

3   **"the wolf...thus with his stealthy pace, / With Tarquin's ravishing strides [sides], towards his design / Moves like a ghost"**
There is disagreement over whether Shakespeare intended "strides" even though "sides" is what appears in the Folio, and whether, accordingly, a compositor misread the word (ref. #5, pp. 123-124, n. 68; ref. #114, p. 157, n. 55; ref. #151, p. 24, col. 2, n. *a*). Sprague advocates for "sides" in the sense of "champions", "auxiliaries", or "allies", be they people, spirits, or agencies, as in the expression "to take sides" (ref. #137, pp. 641-642). Macbeth, says Sprague, "imagines himself moving with a gang of devils to the murder of Duncan". In a modern paraphrasing, the passage might reasonably become

> the wolf moves stealthily like a ghost toward his goal, accompanied by Tarquin's rape-minded minions.

Obviously, rape is not part of Macbeth's plan to kill Duncan, but the mention of Tarquin does underscore what the assassin sees as his victim's weakness and vulnerability. The Latin translation retains "sides", in the sense of "partners".

4   II.1.69   **"...earth / Hear not my steps, which way they walk, for fear / Thy very stones prate of my whereabout, / And take the present horror from the time / Which now suits with it"**
This passage is syntactically ambiguous (ref. #30, p. 125, n. 57-61; ref. #5, pp. 125-126). Four reasonable readings appear below. The Latin translation chooses **"a"**, which is straightforward and which dovetails logically with the subsequent line, in which Macbeth frets about wasting time. In each case, "whereabout" is the same as "position", which, in turn, is equivalent to "purpose", inasmuch as Macbeth's position on the stones represents progress toward his purpose; to reveal his position is tantamount to exposing that purpose.

> **(a)** Earth, please ignore my steps so that your stones do not announce my purpose and thwart me just when the time is right for me to do the deed.
>
> **(b)** Earth, please ignore my steps so that your stones do not announce my purpose, and please stop me, even though the time is right for pressing on.
>
> **(c)** Earth, please ignore my steps so that your stones do not break the silence in this moment, a silence well-suited to my purpose.
>
> **(d)** Earth, please ignore my steps so that your stones do not announce my purpose and strip the horror from this moment, a horror well-suited to that purpose.

Act II, Scene 2

1   II.2.9   **"possets"**

Posset was a drink made of warm milk, wine or ale, curdled, with spices and sugar. Ainsworth's *Thesaurus* (ref. #64) translates it into Latin by description: *lac calidum infuso vino* [or *cerevisia*] *coagulatum*. For the sake of succinctness, however, the chosen translation is *lac calidum*, or warm milk. Lady Macbeth has already confessed to getting the servants drunk with wine, thereby obviating the verbal awkwardness of including "wine" in the Latin term.

2   II.2.12   **Entrance of Macbeth after "Whether they live or die".**
        S.D.   This passage is problematic. Brooke (ref. #30) has Macbeth entering at this point, as do Furness (ref. #5), and Braunmuller (ref. #114). This is questionable, however, inasmuch as Lady Macbeth seems to be alone through her following monologue, not noticing her husband until six lines after his entrance. Knight offers a reasoned resolution (ref. #151, p. 30) in which the nervous Macbeth, while in the king's chamber, is startled by a noise that brings him briefly to the balcony, where he asks "Who's there?" Not waiting for an answer, he rushes back in to perform the murder. He then enters the stage directly before confirming to Lady Macbeth that he has done the deed. The Latin translation has Macbeth calling out his anxious question from offstage and then entering the scene moments

later, after she confesses that, had Duncan not resembled her father, she would have killed him herself.

3   II.2.48   **"Sleep that knits up the ravelled sleeve of care"**
As Brooke notes (ref. #30, pp. 127-128, n. 36), whether this word refers to unspun silk or to the part of a garment that covers an arm, seems unimportant to the text. Braunmuller argues similarly (ref. #114, p. 160, n. 40).

4   II.2.46   **<u>"Sleep no more; / Macbeth does murder sleep, the innocent sleep</u> / Sleep that knits up the ravelled sleeve of care...Chief nourisher in life's feast"**
It is impossible to know how much of this six-line passage, spoken by Macbeth, quotes the "voice" he claims to have heard. The Latin translation treats only the underscored segment as quoted speech (ref. #101, p. 71; ref. #114, p. 160; ref. #5, p. 134, n. "46, 47").

5   II.2.58   **"So brain-sickly of things"**
"Foolishly" (ref. #111) is consistent with the description in Papadinis (ref. #98, p. 157, n. 57-58).

6   II.2.77   **"this my hand will rather / The multitudinous seas incarnadine, / Making the green one red"**
The interpretation is "more likely, my hand will stain the vast seas crimson, turning the green waters red". Brooke (ref. #30, p. 129, n. 61-2) points out the parallelism: "multitudinous seas" corresponds to "green one", and "incarnadine" to "red". Prepending "z" to "one" to restore the hypothetical original word "zone" has no effect on the meaning (ref. #5, pp. 141-142, n. 79).

7   II.2.92   **"To know my deed, 'twere best not know myself"**
Macbeth is aware of his self-awareness, but wants to know less in order to handle the vileness of his deed. Heilman equates this passage with "False face must hide what the false heart doth know" (ref. #152, p. 97). In other words, "conceal knowledge and then eliminate it". The Latin translation takes the second clause to mean that it is better for Macbeth not to look at himself. He is "far away from anagnorisis", says Heilman.

Act II, Scene 3

1   II.3.8   **"come in time — have napkins enough about you"**

"Time" could be a "whimsical appellation" for the farmer, existing in parallel with "equivocator" and "tailor" in subsequent lines (ref. #5, p. 147, n. 8, Staunton), in which case the line should read "Come in, Time". Alternatively, it could be

    (a) a participial phrase, "having come in time" for the fire, which is ready (ref. #30, p. 130, n. 5),

    (b) a greeting abbreviated from "you've come in time" after the suicide (ref. #101, p. 198, n. 5), or

    (c) a command meaning "do come here in time".

Interpretation "**a**" is satisfyingly logical because, first, it is in the third person, like the sentence preceding it, and, second, it dovetails with the line that follows, warning the farmer about the heat.

2   II.3.17   **"here you may roast your goose"**

This probably means "heat your smoothing iron" (ref. #30, p. 131, n. 14). Comenius identifies that device in Latin as *ferramentum* (ref. #12, p. 96). Such an iron was called a "flat-iron" because its body was flat; the sobriquet "goose" may have come about because the iron's handle suggested a goose's neck (ref. #97, p. 87, n. 31).

3   II.3.21   **"go the primrose way to th'everlasting bonfire"**

The path to hell is lined with primroses; that is to say, with pleasures.

4   II.3.30   **"Marry sir, nose-painting, sleep, and urine...Much drink...equivocates him in a sleep, and giving him the lie, leaves him"**

There are too many puns in this passage to favor one interpretation over another. For the sake of flexibility, therefore, the Latin translation is literal. For example, because the meaning of "nose-painting" is unknown with certainty, and because it could be a metaphor for reddening of the nose or for a sexual act, the Latin rendering allows for either: *nasos pingendos.*

5   II.3.37 **"giving him the lie, leaves him"**

There are various reasonable interpretations of this pun on "lie" (ref. #30, p. 132, n. 33; ref. #114, p. 166, n. 29; ref. #98, pp. 167-169, n. 45-46): **(a)** lying to him, **(b)** making him to lie down, as in passing out, **(c)** making him urinate, and **(d)** calling him a liar. One of these must be chosen because translation into Latin cannot preserve the paronomasia extending into Macduff's next line, "I believe, sir, drink gave thee the lie last night". Not only does "making him urinate" ("**c**") glide logically into "leaves him", but it also provides a parallel with the porter's earlier reply, "Marry sir, nose-painting, sleep, and urine", to Macduff's question about the three things drink provokes. In other words, alcohol lies to him in his sleep (through fanciful dreams), and then, by making him urinate, leaves his body.

6   II.3.42 **"I made a shift to cast him"**

I made an expedient move and vomited him out.

7   II.3.63 **"Our chimneys were blown down"**

Because the ancient Romans did not have a straightforward word for "chimney", at least in its modern sense (ref. #115, pp. 62+), the Latin translation adopts the term *fumi emissarium*, which appears in Ferrari's book from 1679, a collection of treatises on topics that pertain to the ancient world (ref. #167). The term occurs on p. 32, in Book 1, within the title of chapter 9:

Fumaria, sive fumi emissaria, vulgo Caminos, apud veteres
in usu fuisse, contra doctissimorum virorum opinionem,
disputatur

8   II.3.66 **"And prophesying...[o]f...confused events / New-hatched to th' woeful time"**

This passage is perplexing, and editors disagree on its interpretation. The Latin translation treats "new-hatched" as an adjective referring to "events" rather than to "prophesying", which occurs two lines earlier. Said events, of course, were yet to come at the time the prophecies were seen (the previous night), and were suited to a time of woe.

9   II.3.77   **"Tongue nor heart cannot conceive, nor name thee"**
You cannot be spoken or imagined.

10   II.3.111   **Enter Macbeth and Lennox**
     S.D.   Brooke (Ref. #30, p. 135, n. 92) argues that Ross should not enter the stage at this moment, although the Folio has him doing so. Braunmuller agrees on this point, concluding "it seems best to delete him here" (ref. #114, p. 257, n. 2.3.83 SD).

Act II, Scene 4

1   II.4.15   **"On Tuesday last"**
In the Greco-Roman system of naming days of the week after planets, which already bore the names of gods, Tuesday was the day of Mars.

2   II.4.34   **"What good could they pretend?"**
What good could they claim, or offer as a reason for what they did? More broadly, what good could they have expected?

Act III, Scene 1

1   III.1.12   **"But hush, no more"**
The Latin translation uses the two-letter interjection *st* (ref. #2, entry "Hush"; ref. #105, entry *St*).

2   III.1.29   **"In this day's Council"**
Presumably the king's privy council. The term *curia regis* is suitable as nomenclature, having been established by the Norman Kings and used until the 14th century, although the historical Macbeth died in 1057, nine years before the Battle of Hastings. However, if Shakespeare's play takes place in the 11th century and if one considers the resulting obvious anachronisms — such as mentions of cannons and dollars, and allusions to the Gunpowder Plot — then disqualifying the term *curia regis* would be a bit too fussy.

3   III.1.47   **"And so I do commend you to their backs"**
Clarendon (ref. #5, p. 178, n. 47) says that Macbeth speaks this with an "affectation of formality". The Latin translation tries to project this.

4   III.1.50 **"Till seven at night"**
A literal Latin translation would cause confusion because of the Romans' peculiar use of timekeeping terms. In this case, *hora septima noctis* for seven o'clock in the evening could mean the seventh hour of the Roman night, which occurred after midnight. Using a 24-hour clock is better, albeit still not ideal, with 7 *p.m.* being translated as the 19th hour of the day, or *hora undevicesima.*

5   III.1.67 **"My genius is rebuked"**
This is the Roman *genius,* or that part of the divine nature that attends every person from birth to death, like a guardian angel. Baynes says that Shakespeare uses it here to refer to a man's guiding spirit, which, in Macbeth's case, is that of "insatiable and guilty ambition" (ref. #5, p. 180, n. 67).

6   III.1.78 **"Put rancours in the vessel of my peace"**
This passage alludes to the "poisoned chalice" of I.7 (ref. #30, p. 144, n. 66). Therefore, the same Latin word, *poculum,* is used.

7   III.1.79 **"mine eternal jewel / Given to the common enemy of man"**
Interpreted as "soul" in the Christian sense, this notion is usually, though not always, rendered *anima* rather than *animus.* For example, from Augustine's *Confessions: sed nunc in anima mea clamet deus meus* (but now let my god cry out in my soul). Another example, from Matt. 12:18: *dilectus meus in quo bene placuit animae meae* (my beloved, in whom my soul is well pleased).

8   III.1.108 **"Are you so gospelled to pray for this good man"**
This word implies a conditioning by the gospel to forgive one's enemies (*e.g.,* Matt. 5:44). Macbeth's tone in this passage, however, is mocking, almost derisive. Translation into Latin, therefore, requires circumlocution with a verb suggesting indoctrination or brainwashing.

9   III.1.114 **Breeds of dog**
Hound, greyhound, mongrel, demi-wolf (wolf-dog): ref. #105. Spaniel: ref. #2. Water-rug: ref. #120, pp. 86, 89. For "shough", Brooke's description, "long-haired pet dogs" (ref.

#30, p. 146, n. 94), is translated as "shaggy puppies". For "cur", the chosen translation is based on the breed's herding instinct (ref. #120, p. 371).

Act III, Scene 2

1   III.2.15   **"Using those thoughts which should indeed have died"**
The word "using" here contains an element of enjoyment, or perhaps self-indulgence. The Latin verb *uti* is suitable. See ref. #5, p. 190, n. 15.

2   III.2.47   **"But in them nature's copy's not eterne"**
The Latin translation takes "nature's copy" to be a "lease on life". Lady Macbeth is reminding her husband that Banquo and Fleance are not immortal (ref. #162, pp. 718-719; ref. #114, p. 258, n. 3.2.38; ref. #5, p. 196, n. 47; ref. #101, p. 211, n. 38; ref. #97, p. 107, n. 11).

3   III.2.51   **"shard-born beetle"**
On the strength of Billings' argument (ref. #122), the chosen reading is "born of dung" (ref. #105, entry *Stercorarius*).

4   III.2.55   **"Be innocent of the knowledge, dearest chuck" (chick)**
Macbeth directs this tender admonition to his wife. The only examples of "chick" (*pullus*) cited as a term of affection in Dickey's book (ref. #36) are addressed to men. A grammatically feminine bird, and, moreover, one associated with love, would be more fitting here, especially if it embodies what Hiecke calls an "echo of that happier time" in the Macbeths' marriage when the couple was newly in love (ref. #5, p. 197, n. 55). For the Latin translation, the word chosen is *columba* (dove).

5   III.2.57   **"Scarf up the tender eye of pitiful day"**
The archaic meaning of "pitiful" is "compassionate", for which the chosen Latin translation is *misericors.*

6   III.2.59   **"Cancel and tear to pieces that great bond"**
See refs. #5 (p. 198, n. 59) and #30 (p. 151, n. 52). No single Latin word holds all the possible meanings of "bond" here: **(a)**

Banquo's very life, **(b)** the destiny pronounced by the witches, **(c)** the "indissoluble tie" between Macbeth and Banquo, **(d)** the "whole structure of existence", or **(e)** Macbeth's bondage of fear. Beljame, in his French translation of the play, renders this passage *Annule et déchire en morceaux ce grave contrat*, in which *contrat* clearly means a contract, pact, or agreement (ref. #123, p. 105). Because the word "cancel" is commonly used in the context of terminating a contract, and because the image of tearing one up is no less common, the chosen Latin translation is *pactum*, which interprets the word "bond" in its legal sense (ref. #162, p. 717). Moreover, the preceding line "And with thy bloody and invisible hand" strongly implies violence, an inference consistent with the contract's being that which gives Banquo life.

7   III.2.63   **"Whiles night's black agents to their preys do rouse"**
The agents in question are not wild animals who hunt for prey during the night, but, rather, demons, sprites, and human criminals who stay confined in certain places during the day but who come out at night to do their mischief (ref. #124, p. 127, n. 1; ref. #5, p. 199, n. 63). The chosen Latin expression, *malefactores nocturni*, is correspondingly broad while exuding the same sinister odor.

Act III, Scene 3

1   III.3.30   **"O slave"**
This outburst by Banquo is puzzling. He may have recognized the third murderer, who claimed earlier to have been sent by Macbeth, and hurled this invective at him to decry what Banquo sees as the murderer's enslavement to a lust for power, or, perhaps, to the witches' prophecy. On that supposition, the Latin equivalent must be stronger than *servus* by stressing subjugation over service. Thus, the chosen translation is *vinctus*.

2   III.3.34   **"We have lost / Best half of our affair"**
There exist interpretations to the effect that "best half" refers to the more important half of the victims, namely, Fleance. This reading, however, is inconsistent with the fact that the second murderer, who delivers this line, does not know the

witches' prophecy that Fleance, rather than Banquo, will become king. In III.1.163, in fact, Macbeth tells the murderers only that Fleance's death is no less important than Banquo's ("Whose absence is no less material to me / Than is his father's"). Caution, then, recommends translating conservatively and treating "best" in this line as equivalent to "at the best", in the sense of "in the most positive view". In this reading, the murderer is saying that they have failed in only half of their duty.

Act III, Scene 4

1   III.4.2   **Banquet**
    S.D.   In III.1.19, Macbeth tells Banquo that the "supper" is "solemn". The Latin word *epulum* is appropriate; in the singular, it specifies a formal meal in honor of something or someone (*repas public donné dans les solennités*, ref. #37, entry *Epulum*). An example comes from Valerius Maximus' *Factorum ac dictorum memorabilium*:

> *Q. Aelius Tubero a Q. Fabio Maximo epulum populo nomine P. Africani patrui sui dante rogatus ut triclinium sterneret* (Q. Aelius Tubero was asked by Q. Fabius Maximus, giving a feast for the people in the name of his uncle P. Africanus, that he lay out the table).

2   III.4.19   **"'Tis better thee without than he within"**
    The amphiboly in this expression has led to several interpretations, three of which appear below.

    (a) 'Tis better that Banquo's blood be outside thee than inside him = it's better that his blood be on you than that it still course through his own veins, keeping him alive.

    (b) 'Tis better to have thee outside the banquet hall than that he be inside = it's better that you, having killed Banquo, be standing outside the door at this moment than that he be in here alive as a guest at this banquet.

    (c) 'Tis better that Banquo's blood be outside thee than that he be in this banquet hall = it's better that you killed him, and that you stand before

me now with his blood on your face, than that he
still be alive and present at this banquet.

The Latin translation interprets this passage in line with "**a**".
Although the pronoun "he" would have to be "him" for "**a**" to
be strictly correct, Shakespeare often plays loose with the rules
of grammar. Abbott cites many examples of Shakespeare's
interchanging of subjective and objective pronouns (ref. #156,
pp. 140-143). One specimen of the she-for-her substitution
comes from *Antony and Cleopatra*: "So saucy with the hand of
she here" (p. 141). And one instance of the he-for-him switch
is found in *Romeo and Juliet*: "And yet no man like *he* doth
grieve my heart" (p. 140). Accordingly, Abbott suggests that
the phrase "better thee without than he within" contains
another he-for-him substitution, with "he" standing as the
object of the preposition "within" (p. 140). Clarendon
strengthens the argument for "**a**" by pointing out that, if this
were not Shakespeare's meaning, the antithesis itself — the
outside of one body and the inside of another body — would
serve no purpose (ref. #5, p. 208, n. 19).

Hunter makes a case for interpretation "**b**" (ref. #149, p. 191),
and Johnson wonders whether "**c**" might be the intended
reading (ref. #5, p. 208, n. 19), although both "**b**" and "**c**" are
elliptical.

3   III.4.53   **"Were the graced person of our Banquo present"**
Interpretation of this adjective varies among editors, some
equating it with being gracious and others with being favored.
See refs. #30 (p. 155, n. 41), #114 (p. 194, n. 41), and #5 (p.
216, n. 53). The Latin translation chooses the word *felix* to
convey the sense of being blessed by Fortune, with happiness
being the unsurprising outcome (ref. #2, entry "Fortunate"; ref.
#105, entry *Felix*).

4   III.4.130   **"If trembling I inhabit then"**
There are various readings and emendations of this passage,
placement of the comma included (ref. #5, p. 223-224, n. 130;
ref. #101, p. 219-220, n. 105; ref. #114, p. 198, n. 105). The
Latin translation uses this passage as it appears in the Folio —
"If trembling I inhabit then" — and interprets it in agreement

with White, as quoted by Rolfe (ref. #101, p. 219, n. 105). In this context, to inhabit trembling is to be overtaken by it; in other words, it is to live inside a trembling body. Apropos to emending this passage, Forster quotes Samuel Badcock, who seems to urge both tolerance and appreciation for Shakespeare's lexical and syntactical liberty-taking (ref. #125, p. 50).

> Perhaps there is after all, no necessity for any alteration. We know the licence of our Author with respect to his use of words. Scarcely a page but affords some instance or other of his giving a turn to words very different from that to which they had been accustomed by writers more attentive to the rules of grammatical phraseology.

5   III.4.130   **"protest me / The baby of a girl"**
If he trembles, Macbeth is inviting Banquo's ghost to belittle him by calling him either

- **(a)** a girl's doll (ref. #5, p. 224, n. 131, Walker, White; ref. #114, p. 198, n. 106; ref. #126),
- **(b)** "a baby of a girl", like "fool of a man" or "scoundrel of a man" (ref. #30, p. 158, n. 107), or
- **(c)** the infant of a young girl (ref. #5, p. 224, n. 131, Clarendon).

Though not decisive, arguments for **"a"** are persuasive, especially in Shakespeare's use of the definite article over the indefinite, as Bald points out (ref. #126, p. 221).

6   III.4.141   **"And keep the natural ruby of your cheeks, / When mine is blanched with fear"**
There is an argument that "is" should be "are" in order to agree with the plural "cheeks". There is another argument that the singular "is" should stand because the letter "s" was added to "cheek" in error (ref. #5, p. 226, n. 142). If Macbeth is addressing his guests, then the plural "cheeks" is only logical, and "are" should replace "is". However, it is arguable that no alteration at all is needed, simply because "mine" refers not to "cheeks" but to "ruby" (ref. #124, p. 138, n. 6). This explanation, albeit debatable (ref. #101, p. 220, n. 116), is reasonable and conservative.

7   III.4.165   **"I am bent to know, / By the worst means, the worst"**
Macbeth may mean **(a)** that he wants to learn the worst but must go about procuring such information in the least desirable way, which includes approaching beings that, to him, represent the worst in general, such as witchcraft, or **(b)** that he wants to learn the worst he is going to do in his pursuit of power and the "worst means" by which he is going to do it. Macbeth's loss of awe for the witches and his aggressiveness toward them in IV.1 ("you...midnight hags", "answer me to what I ask you", "deny me this and an eternal curse fall on you") favor "**a**" over "**b**".

8   III.4.175   **"We are yet but young indeed"**
See refs. #114 (p. 200, n. 144), #30 (p. 161, n. 145), #101 (p. 222, n. 144), and #97 (p. 118). This line pivots on the word "indeed", which can mean "in truth" or "in deed". The Latin translation takes the latter reading because it seems to fit the context more snugly, that Macbeth acknowledges himself and his lady wife to be neophytes to murder — youngsters, as it were, in this kind of life.

Act III, Scene 5

1   III.5.18   **"at the pit of Acheron / Meet me i'th'morning"**
As possibly the name of a foul body of water near Macbeth's castle, it alludes to the river (and/or lake) of the same name in the underworld, across which, as Vergil writes, Charon ferries the dead in his skiff (ref. #138, p. 326, Book VI, lines 295+). Because it is the place where Macbeth is going to meet the witches the following morning, "pit of Acheron" is not metonymous for Hell, even if there is communication of some sort between the two places. Rolfe dismisses the allusion as "one of the many incongruities in this poor stuff thrust into the play by some hack writer at the suggestion of some theatrical manager" (ref. #153, p. 604). The Latin translation stays literal.

2   III.5.27   **"There hangs a vap'rous drop"**
Steevens writes that the author meant "vap'rous drop" to be the *virus lunare*, a foam that the moon drops on objects in response to enchantment (ref. #124, p. 144, n. 5). As Steevens

points out, Lucan uses the term in his *Pharsalia*, Book VI (*et virus large lunare ministrat*). The Latin translation takes "vap'rous" to mean "foamy".

3   III.5.28   **"I'll catch it ere it come to ground; / And that distilled by magic sleights / Shall raise...sprites"**

There are three reasonable interpretations of this passage, with the pronoun "that" referring back to the noun "vap'rous drop" and the past participle "distilled" meaning "collected by dripping". The difference reduces to the placement of commas in three ways, shown below in gross exaggeration.

> **(a)** I'll catch it before it hits the ground; and the vap'rous drop having been distilled, by [means of] magic sleights [I] shall raise sprites.

> **(b)** I'll catch it before it hits the ground; and the vap'rous drop, having been distilled by [means of] magic sleights, shall raise sprites.

> **(c)** I'll catch it before it hits the ground; and the vap'rous drop, having been distilled, by [means of] magic sleights shall raise sprites.

In "**a**", the subject of the verb "shall raise" is still "I" from the previous clause. In "**b**" and "**c**", however, the subject of "shall raise" is "vap'rous drop", giving "shall raise" the force of a third-person command, as captured in the Latin future imperative *erigito spiritus* (it shall raise spirits). The distinction between "**b**" and "**c**" is in the function of the phrase "by magic sleights".

Although no argument for favoring one over the others is irresistible, interpretation "**a**" is chosen for the Latin translation because it carries forward the image being painted by Hecate, from her intercepting the drop to her using it for raising sprites, consistent with the arrogance she has been displaying. Opting for "**b**" or "**c**" would shift the conjuring power from Hecate herself to the vap'rous drop.

4   III.5.30   **"Shall raise such artificial sprites"**

A sprite was probably a small, impish, mischievous being, an "immaterial *spiritus*" (ref. #127, pp. 549-550), that a witch would dispatch to "molest, prick, or hurt her victims" (p. 559). Latin offering no lexical equivalent, an accurate rendering would have to be descriptive. For this context, then, a *spiritus callidus* would be a spirit artful enough to prosecute Hecate's plan to manipulate Macbeth through his ego.

5   III.5.37 & 40 S.D.   Brooke suggests that instrumental music begins here, but that singing begins two lines later (ref. #30, p. 162, n. 33.1). Consistent with the Folio, both Brooke and Furness include the S.D. "music and a song", and, two lines later, "spirits sing within". Other editors combine these two S.D.s into a single line (ref. #114, p. 202; ref. #101, p. 95; ref. #97, p. 119).

6   III.5.40   The Latin translation includes the song "Come away, come away" for the sake of completeness, setting it apart in the script by indentation and smaller typeface. Editors believe it was taken from Middleton's play *The Witch* (ref. #30, pp. 162-165; ref. #101, pp. 223-224, n. 33; ref. #128; ref. #124, p. 144, n. 7). Robert Johnson, a contemporary of Shakespeare, may have composed the song (ref. #128). The Latin translation uses Davenant's version of *Macbeth* as the primary source of the lyrics (ref. #171, pp. 39-40), although slightly different renditions appear in Cutts (ref. #128, pp. 208-209), Brooke (ref. #30, pp. 162-165), Furness (ref. #5, p. 376), and Rolfe (ref. #101, pp. 223-224, n. 33). Obviously, the translation does not satisfy the original tune, the higher priority being faithfulness to the text. Proper names appear in italics because they have not been Latinized.

7   III.5.57   **"Malkin"**
Shorter form of "Graymalkin" (see note 2 in I.1). The chosen Latin translation is *Malkina*.

Act III, Scene 6

1   III.6.11   **"Who cannot want the thought, how monstrous it was...to kill their...father?"**
Because of its self-incongruity — at first glance, anyway — editorial responses to this passage span the continuum. This interrogative has been

(a) dismissed as "evident nonsense" (ref. #5, p. 238, n. 11, Keightley),

(b) forgiven as a simple error on the part of Shakespeare (ref. #124, p. 145, n. 8),

(c) accepted as possibly an intensifying double negative (ref. #30, p. 166, n. 8),

(d) endorsed to mean "who cannot desire to think it monstrous?" (ref. #5, pp. 237-238, n. 11, Elwin), and

(e) defended as "perfectly good sense" (ref. #5, pp. 238-239, n. 11, Baynes), with the verb "to want" meaning "to do without".

Interpretations **"d"** and **"e"** are straightforward and reasonable, and each leaves the text intact. Moreover, they are variations on the same theme. According to **"d"**, anyone would naturally consider the act monstrous. According to **"e"**, anyone — because he or she naturally considers the act monstrous — would be happy *not* to think about the act and its monstrousness. Expressed as a question, then, the idea becomes "who would refuse to do without thinking about it?" The Latin translation adopts the common spirit of interpretations **"d"** and **"e"**.

2   III.6.41   **"And this report / Hath so exasperate their [the] king"**

There is disagreement on the identity of this monarch: is he Macbeth or Edward the Confessor? Brooke (ref. #30, p. 52) argues that the king in question must be Edward because he is "the only king under discussion" and because later, in Act IV, Edward, not Macbeth, is the one preparing for war. Moreover, continues Brooke, if it is Macbeth, then he *must* know about Macduff's mission to win Edward's help, even though he does not know in IV.1 ("Fled to England?"), unless, of course, he is feigning ignorance. Braunmuller also rejects the "popular emendation" that Macbeth is the king in question (ref. #114, p. 277). Nevertheless, there are several incongruities that confuse this scene, starting with the anonymous Lord's line "And this report". Wilson offers a sarcastically entertaining summary of the incoherence in this passage, quoted by Furness (ref. #5, p. 241, n. 41-43). These incongruities force the Latin translation to stay literal so as to leave interpretation open to the reader. For example, the bare word *regem* is chosen for "king" to allow the reader to supply either the definite article "the" or the possessive adjective "their", each one pointing to a different king.

Act IV, Scene 1

1   IV.1.3   **"cat hath mewed"**
The Latin translation renders the verb "to mew" as the onomatopoeic *miau facere*.

2   IV.1.5   **"Harpier"**
This is the third witch's familiar, and "Harpier" seems to be its proper name rather than the common name for whoever or whatever the creature is. Therefore, the translation Latinizes it to *Harpierus*.

3   IV.1.8   **"Toad...has...sweltered venom sleeping got"**
The role of the present participle here is debatable. Does it modify "venom", "toad", or some implied noun? The straightforward interpretation is to connect "sleeping" to "toad", to the effect that the creature exuded the venom while asleep. Such is Beljame's reading in his French translation (ref. #123, p. 133):

> *Crapaud, qui sous une froide pierre,*
> *As pendant trente et un jours et autant de nuits*
> *Formé en dormant le venin qui suinte de ta peau...*

Likewise Guizot's version (ref. #104, p. 281):

> *Crapaud, qui, pendant trente et un jours et trente et une*
>   *nuits,*
> *Endormi sous la plus froide pierre,*
> *T'es rempli d'un âcre venin...*

4   IV.1.36   **"For th'ingredience of our cauldron"**
Apart from being a variant spelling of "ingredients", the word "ingredience" is a noun meaning **(a)** the fact or process of entering into something as an ingredient, **(b)** the collective ingredients of a mixture, or **(c)** the mixture itself (*OED*, entry "Ingredience, *n.*"). Because this line is preceded by 12 others specifying 13 ingredients, any of the three definitions above is

logical in the context of this passage. Accordingly, the Latin word *mixtura* is suitable here by virtue of its breadth.

5   IV.1.41 S.D. **Entry of Hecate and "the other three witches"**
See ref. #5, pp. 251-253, n. 41; ref. #30, pp. 169-170, n. 38.1; ref. #114, p. 208, n. 38SD; ref. #101, p. 229, n. 38. There is disagreement on what this S.D. means. As written, it implies that Hecate enters in the company of three witches who are not the three already present around the cauldron, bringing to six the number of witches on stage (apart from Hecate herself). Some commentators, however, argue that this direction is a mistake; that is to say, Shakespeare did not intend to introduce three new witches to the scene. Others believe he may indeed have wanted six, or even more, on stage to perform the ensuing song and dance. In the absence of a convincing argument, the Latin translation strikes a compromise between **(a)** keeping the entire phrase "and the other three witches" as it stands, and **(b)** deleting the phrase altogether. Interpretational flexibility to some degree can be achieved by stripping away the adjective "three" and the definite article "the" (by omitting *eae*, *illae*, or *hae*) to leave behind the less-limiting stage direction "Enter Hecate and other witches".

6   IV.1.45 **"Like elves and fairies in a ring"**
There is no Latin equivalent for "elf" or "fairy" because each word is too vague to match a term from Roman mythology or folklore. Therefore, any translation is at best only approximate, and it depends on hints from the context. Kready (ref. #157, p. 160) says that in French romance a fairy (*fée*) was a "woman skilled in magic", and that after Spenser's *Faerie Queene* was published, "[f]airies were identified with nymphs and elves", Shakespeare being the agent of this "revolution". Furthermore, Scottish witches referred to their demon-lovers as "fairies" (ref. #127, p. 555, n. 15). Therefore, the Latin translation combines elves and fairies into the single category of "little malignant nymphs" — little, as elves and fairies typically were, and malignant, because Hecate invokes their image in the midst of a ritual with evil intent. See also ref. #1, entries *Acharradh, Aillse, Arrachdan, Baobh, Bòcan,* etc.

7   IV.1.47 "Black spirits", a bawdy and ribald song, is included here for

the sake of completeness. Like the previous song, "Come away, come away" (see note 6 in III.5), it is set apart by indentation and smaller typeface; it, too, does not satisfy the original tune. Two close English versions appear in Furness (ref. #5, pp. 378 & 530) and a third in Brooke (ref. #30, pp. 170-171). The Latin translation does not specify the witches who sing the stanzas; rather, it identifies each one only as *una ex sagis,* or "one of the witches". This keeps with the earlier decision to maintain flexibility by translating the S.D. "and the other three witches" as "and other witches" (see note 5 in IV.1). Proper names appear in italics because they have not been Latinized.

8 **"Liard, Robin, you must bob in."**
The verb "bob in" (its opposite being "bob out") is a *double entendre* in the two contexts of dancing and coitus (ref. #131, p. 47; ref. #132, entry "Bob"). Its occurrence here is consistent both with the dance around the cauldron and with Hecate's earlier suggestion of sex. Furthermore, the name "Robin" itself alludes to the male member (ref. #132, entry "Robin"). The verb "push", by carrying the euphemistic quality of "bob", is chosen for the Latin translation.

9 **"Here's lizard's brain. Put in a grain."**
Editors debate whether "lizard's brain" or "Libbard's bane" is the correct reading. With a preponderance of evidence, Brooke argues in favor of the former (ref. #30, p. 228). The word "grain" here may refer to the weight or to the volume of a single seed of cereal. To accommodate this imprecision, the Latin translation takes "put in a grain" to mean "put in some brain the size of a grain".

10 **"Those will make the younker madder"**
Referring to Macbeth, the "younker" is a younger man for whom the descriptors *senior/senex* (old man) and *adulescens/puer* (boy of age about 20) are inappropriate. The best choice is *iuvenis* (ref. #36, p. 196).

11 IV.1.52 **"you secret, black, and midnight hags"**
"Black" here has the same meaning as it does in the term "black magic", as distinct from white magic and gray magic. Therefore, the Latin translation chooses an adjective of intention, *malevolus.*

12 IV.1.74 **"grease that's sweaten / From the murderer's gibbet"**
The Romans used a cross, rather than a gallows, for executing criminals. Examples are the T-shaped *crux commissa* and the X-shaped *crux decussata* (ref. #133, entry *Crux*). Because, presumably, a wooden cross can surrender the desired grease as easily as a wooden gallows can, the simple word *crux* is suitable for the Latin translation.

13 IV.1.121 **"Shall Banquo's issue ever / Reign in this kingdom"**
In this context, "ever" likely means "always" rather than "at any time" because Macbeth already knows that, although he himself will actually be King, Banquo will sire kings without himself becoming one (I.3). Logically, then, Macbeth's question is not whether Banquo's sons will rule over Scotland, but whether they will *always* rule over Scotland.

14 IV.1.152 **"While you perform your antic [antique] round"**
For the meaning of the word "antic", Brooke proposes "grotesque" (ref. #30, p. 176, n. 145) and Braunmuller suggests "bizarre" (ref. #114, p. 213, n. 129). Rolfe says that different spellings of this word were "used promiscuously...without...regard to the meaning" (ref. #101; pp. 234-235, n. 130). He goes on to cite Steevens' suggestion that the idea of an "antic round" may have come from the 1593 poem *Churchyard's Dreames*, in which these four lines appear:

> All hand in hand they traced on
> A tricksie ancient round;
> And soone as shadows were they gone,
> And might no more be found.

Whether "antic" means, in fact, "grotesque" or "ancient", in either case it is easy to imagine an observer — here the first witch — being somewhat bewildered by this dance. Therefore, the Latin translation renders "antic round" as *saltatus mirandus*, or a dance to be wondered at.

15 IV.1.183 **"But no more sights"**
There is debate over whether the word "sights" in this line was Shakespeare's intention, or whether it is the result of a

94

compositor's misreading of "sprights" or "flights" (ref. #134, p. 461; ref. #135, p. 426; ref. #97, p. 130, n. 31; ref. #5, p. 266-267, n. 183). If "flights", then a long "s" (ſ or ʃ) was mistaken for the letter "f", while the letter "l" went unnoticed. Any of the three words, "sights", "sprights", or "flights", can fit logically into the passage:

(a) Macbeth wants no more sights, or visions, shown to him,

(b) he wants no more sprights, or spirits, to appear, or

(c) having just heard that Macduff fled to England, he wants no more flights, or escapes, of his enemies.

Nevertheless, "sights" appears in most editions and accords with Macbeth's escalating fear and anger resulting from the parade of kings and the witches' role in it: "will the line stretch out to the crack of doom", "horrible sight", "let this pernicious hour stand aye accursed", and "infected be the air whereon they ride". Moreover, the word "but" in this line seems awkward if "flights" is indeed the reading. For these reasons, "sights" is chosen for the Latin translation.

Act IV, Scene 2

1   IV.2.34 **"I am so much a fool, should I stay longer / It would be my disgrace, and your discomfort"**

To Ross, the act of weeping makes a fool of a man. This passage, with Ross wanting to preclude both his own disgrace and Lady Macduff's discomfort, does not imply stupidity, flippancy, silliness, amusingness, or any other quality that defines a classic fool. There is, however, no equivalent Latin noun that does *not* convey one or more of those qualities. Consequently, because Ross seems to be equating a man's loss of self-control with the *outward behavior* of a fool — even if that man is not inherently foolish — the Latin translation expresses the idea of foolishness in terms of emotion superseding reason: "I am so moved that..." Beljame provides precedent for this approach: *Je suis si peu raisonnable que...* (ref. #123, p. 151).

Act IV, Scene 3

1   IV.3.7   **"Bestride our downfall birthdom"**

Brooke (ref. #30, p. 182, n. 4) suggests this line to mean "bestride our own downfall, *and* bestride our destroyed birthright", with "downfall" functioning as a past participle (the equivalent of "downfallen") or as a noun and adjective both. Braunmuller (ref. #114, p. 220, n. 4) agrees that "downfall" is the equivalent of "downfallen", but he expands "birthdom" to include possibly "native kingdom", with which some other editors concur (ref. #101, p. 237, n. 4; ref. #5, p. 276, n. 7, Clarendon). The Latin translation takes this line to be "bestride our downfallen homeland", in the sense of standing over the homeland's dead body and intending to hit back at the enemy.

2   IV.3.18   **"I am young, but something / You may discern of him through me, and wisdom / To offer up a weak, poor, innocent lamb / T'appease an angry God."**

This sentence is elliptical at "wisdom". In short, it reveals Malcolm's fear that Macduff may try to win Macbeth's favor by betraying Malcolm to him. In paraphrase,

> Although I am young, there is something about Macbeth that looking at me may bring to mind. And that particular something is the wisdom — the advantage to you — of sacrificing me to him, as though you were slaughtering a lamb to placate some angry deity.

The Latin translation takes the spirit of this interpretation because Macduff's reply, "I am not treacherous", accords with it.

3   IV.3.42   **"The title is affeered."**

This use of "affeered" here is probably a pun (ref. #114, p. 222, n. 34; ref. #30, p. 184, n. 34; ref. #5, p. 280, n. 42). In its legal sense, the word may mean "confirmed", referring either to Macbeth's grip on power or to the accuracy of the word "tyranny". In its other sense, it means "frightened", alluding to Malcolm's state of mind as a claimant to the throne. However, because a corresponding single-word pun is unavailable in Latin, the translation chooses "confirmed" as the meaning in order to align with Macduff's apparent resignation. Even if fear is deterring Malcolm, then the practical effect is the same as legal confirmation of Macbeth's rule or affirmation of his tyranny.

4   IV.3.137   **"but God above / Deal between thee and me"**
This is an allusion to 1 Sam. 20:23: "the Lord be between thee and me for ever", meaning "may the Lord be our arbiter eternally" or "may the Lord forever ensure that we keep our promises to each other".

5   IV.3.151   **"with ten thousand warlike men / Already at a point"**
Brooke suggests this to mean "already levied" or "fully prepared" (ref. #30, p. 188, n. 135). Other editors' interpretations are consistent with this (ref. #114, p. 226, n. 135; ref. #5, p. 288, n. 152; ref. #101, p. 241, n. 135; ref. #97, p. 141, n. 22).

6   IV.3.157   **Enter a doctor**
    S.D.   See note 1 in V.1.

7   IV.3.194   **"where violent sorrow seems / A modern ecstasy"**
This ecstasy is a common or ordinary frenzy (ref. #5, p. 293, n. 195; ref. #114, p. 228, n. 172; ref. #101, p. 243, n. 170; ref. #124, p. 176, n. 9; ref. #97, p. 143, n. 29).

8   IV.3.197   **"flowers in their caps"**
If "cap" in this context is the traditional Scottish tam or bonnet, then there is no equivalent word from classical Latin. Moreover, descriptive translations such as *tegmen capitis* or *operimentum capitis* are too broad. The *Dictionarium Scoto-Celticum* (ref. #1) often proposes *pileus* (*pilleus*) for words relating to caps and bonnets, even though the *pileus* differed from them in shape by fitting tightly at the temples and by coming to a point at the top (ref. #133, entry *Pilleus*). In one case, however, the *Dictionarium* does more precisely suggest *pileus Gaëlorum* (*pileus* of the Gaels) for bonnet (*boineid*). The other kinds of Roman hat are even further off the mark (*pilleolum*, skull cap; *galerus* or *galericulum*, conical sacerdotal cap; *petasus* or *causia*, brimmed hat; *galea*, conical helmet; *tutulus*, close-fitting cap). Because *pileus* is least unlike the

Scottish cap in question, adopting it to medieval Scotland gives a reasonable approximation, especially if *Gaëlorum* is only implied. Besides, one Scotsman mentioning a third Scotsman's cap to a second Scotsman would hardly need to qualify *pileus* with *Gaëlorum*.

9   IV.3.269   **"I could play...braggart with my tongue"**
The Latin translation uses *iactator*, one who boasts.

10   IV.3.275   **"This time goes manly"**
Editors disagree about whether "time" is a compositor's misreading of "tune". As Brooke points out, this passage as it stands may mean "we are ready for action" or "this march rhythm...is manly" (ref. #30, p. 193, n. 235). Braunmuller, despite having adopted the emendation "tune", sees the equivalence of "time" and "rhythm" in this context as defensible (ref. #114, p. 232, n. 238). In the absence of a compelling argument either way, the Latin translation stays with "time" and renders it broadly as *tempus*, rather than narrowly as *rhythmus* or *numerus*.

Act V, Scene 1

1   V.1.2   **Doctor of Physic**
    S.D.   This description of the Scottish doctor who enters here is specific, quite in contrast to that of the English doctor who appeared in IV.3, and whom the Folio called simply "doctor". As Braunmuller points out, this specificity distinguishes the physician from the clergyman, to each of whose professions the title "doctor" was applied in those days (ref. #114, p. 232, n. "0 SD DOCTOR OF PHYSIC"). The two contexts imply that both doctors are physicians: the English doctor in IV.3 describes the symptoms of the King's Evil, which is probably scrofula, and the Scottish doctor in the present scene admits that Lady Macbeth's "disease is beyond [his] practice" and that "[m]ore needs she the divine than the physician". Therefore, the Latin translation uses *medicus* for each doctor.

2   V.1.57   **DOCTOR: "Well, well, well." GENTLEWOMAN: "Pray God it be, sir."**
The doctor is expressing wonder at Lady Macbeth's words.

The gentlewoman, however, seems to be misinterpreting his reaction to mean "it is well" or "all is well". This particular pun, if indeed Shakespeare intended it as such, cannot be rendered in Latin without contortions. Therefore, the translation is straightforward.

Act V, Scene 2

1   V.2.4   **"led on by Malcolm, / His uncle Seyward, and the good Macduff"**
Classical Latin distinguishes the maternal uncle, *avunculus*, from the paternal uncle, *patruus* (ref. #170). The Latin translation here adopts *avunculus* because, although sources disagree as to whether Malcolm's mother was Seyward's daughter or sister, they agree that she was related to Seyward by blood. For example, Buchanan (ref. #8, Book 7, folio 74 *a-b*) says,

> *ab Eduardo rege decem millia militum accipiunt: duce omnibus praefecto Sibardo Milcolumbi avo materno* (they received from King Edward ten thousand men, over whom Malcolm's maternal grandfather, Sibard, was made general).

This is consistent with Malcolm's own words in IV.3: "gracious England hath / Lent us good Seyward, and ten thousand men". By contrast, Boethius (ref. #9, Book 12, folio CCLXVII*a*) implies that Malcolm's mother was Siward's sister, explaining,

> *Northumbri ducis sui gratia Sivardi, cuius sorore prognatus Malcolmus fuerat* (for the sake of their leader Siward of Northumbria, from whose sister Malcolm had been descended).

John of Fordun (ref. #136, Book 4, Chap. 44, p. 187) also asserts a relationship by blood:

> *Genuit autem Duncanus, avi sui diebus, ex consanguinia Sywardi comitis, duos filios, Malcolmum Canmor...et Donaldum Bane* (now Duncan, in his grandfather's days, begat, by the sister [or other female blood relative] of Earl Siward, two sons, Malcolm Canmore...and Donald Bane).

The word *consanguinea* (*-ea* and *-ia* being alternate spellings) refers to a sister, or, more broadly, to a female relative (ref. #105, entry *Consanguineus*).

2   V.2.35   **"Meet we the med'cine of the sickly weal / And with him pour we in our country's purge, / Each drop of us"**
See refs. #30 (p. 197, n. 28-29), #114 (p. 238, n. 27-28), #5 (p. 312, n. 35), and #97 (p. 152, n. 6). The Latin translation treats this passage as a metaphor in which the comrades of a sick person are helping a physician purge the patient's bowels by adding drops of themselves to the liquid cathartic. This metaphor, moreover, succeeds whether or not the drops of liquid being added to the cathartic are blood. Therefore, the chosen interpretation is this:

> Let us go to meet the physician of our sick state and, together, pour every drop of ourselves into the purgative for our homeland.

3   V.2.39   **"To dew the sovereign flower"**
In this context, "sovereign" may mean "royal" or "medically efficacious" (ref. #30, p. 198, n. 30; ref. #114, p. 238, n. 30; ref. #5, pp. 312-313, n. 39). The Latin translation chooses the latter because it extends the remediation metaphor from "pour we in our country's purge" (see note 2 in V.2), while at the same time recalling the putative healing powers of King Edward (IV.3).

Act V, Scene 3

1   V.3.14   **"The Devil damn thee black, thou cream-faced loon"**
Even before the messenger begins to speak, Macbeth is scorning him. In effect, the king wants the devil to char this simpleton ("loon") in the fires of Hell — to turn him into charcoal — for displaying the visage of a coward, that is, for having a cream-colored face from which fear has caused the blood to drain out. The Latin translation takes this reading.

2   **"cream"**
The Latin translation renders this *flos lactis* (ref. #1, entry *Cè*; ref. #2, entry "Cream"; ref. #158, entry *Flet*).

3   V.3.15 **"Where got'st thou that goose-look?"**

Either the messenger has goosebumps from fright — that is to say, his skin resembles that of a plucked goose — or his pasty mien has evoked in Macbeth's mind the white goose as a symbol of cowardice (ref. #5, p. 315, n. 15). Flanking this observation in the text are three insults that allude to the servant's pallor and imply his fearfulness: "cream-faced loon", "linen cheeks", and "whey-face". Shakespeare uses "goose" or "geese" in other plays to similar pejorative effect: *King Lear* (II.2), *Twelfth Night* (III.2), and *Coriolanus* (I.4). There is in this passage yet another whiteness-based accusation of cowardice, "lily-livered", or having a white liver, which invective occurs also in *Merchant of Venice* (III.2). The Latin translation stays literal because the terrified servant standing before Macbeth, in one way or another, whether by goosebumps or paleness, looks like a goose to his king.

4   V.3.25 **"this push / Will cheer me ever, or dis-seat me now"**

See refs. #30 (p. 199, n. 21), #114 (p. 240, n. 21), #5 (pp. 316-319, n. 26), #101 (p. 249, n. 21), and #97 (p. 154, n. 7). Macbeth probably is saying that the attack (the push) will result in either **(a)** his remaining on the throne for the rest of his life, or **(b)** his being dethroned (or even killed). Some editors see the word "cheer" as a misreading of "chair", in the sense of enthroning. The strange word "dis-seat" may mean "unseat" in the sense of dethroning or killing, although some editors argue that the original word was "disease". Nevertheless, replacing "cheer" with "chair" or "dis-seat" with "disease" leaves intact the basic meaning of this passage. The Latin translation, therefore, interprets "cheer me ever" as "secure my power", and "dis-seat me" as "dethrone me".

5   V.3.54 **"Cleanse the stuffed bosom of that perilous stuff"**

See refs. #30 (p. 200, n. 43), #114 (p. 241, n. 45), #5 (pp. 322-323, n. 54), #101 (p. 250, n. 44), #134 (p. 462), and #159 (pp. 83-88). There are various explanations of the repetition in this line, from defense to rejection, but no argument is conclusive nor emendation convincing. The Latin translation stays literal, with "stuffed" meaning "jammed" and "stuff" meaning "matter".

6   V.3.59 **"give me my staff"**

See refs. #97 (p. 155, n. 10), #30 (p. 200, n. 47), and #101 (p. 250, n. 48). This word may refer to a commander's baton or to a weapon, such as a lance. The Schlegel-Tieck German translation renders it *stab*, for stick or baton (ref. #160, p. 342), whereas Beljame translates it into the French *lance* (ref. #123, p. 195). In the absence of other information, the Latin translation makes a reasoned guess that Macbeth, if he had indeed wanted a sword or similar bladed weapon, would have used an unambiguous word here, especially given his skill with blades as demonstrated earlier in the play. Moreover, Shakespeare probably knew that the word "staff" would evoke in the minds of his 17th-century audience the image of a stick, because of its numerous occurrences in the Bible, as, for example, in Psalms 23:4. Thus, the Latin translation takes the word "staff" as "baton".

7   V.3.61 **"cast / The water of my land, find her disease"**

The Latin translation stays literal in order to retain this euphemism for examining urine diagnostically.

8   V.3.66 **"rhubarb"**

This is not the common Euro-American edible rhubarb, but the medicinal Chinese rhubarb (ref. #30, p. 201, n. 54; ref. #114, p. 241, n. 56). The Latin translation adopts the term *radix Pontica* for this herb because Celsus lists it as an ingredient in Mithridates' antidote to poisoning (*De Medicina*, Book V).

9   **"senna [cyme]"**

See refs. #5 (pp. 323-324, n. 66), #30 (p. 201, n. 54), #101 (p. 250, n. 55), and #114 (p. 241, n. 56). Whether "senna", "cyme", "cynne", "cœny" or some other name is the correct one, the Latin translation accepts "senna" and treats it as a noun of the first declension. This herb is a cathartic in the genus *Senna* (or *Cassia*).

10   V.3.70 **"Bring it after me"**

Braunmuller suggests that the pronoun "it" in this short sentence refers either to **(a)** the armor that Macbeth demanded earlier, **(b)** the "something" that the doctor mentioned in the line directly before ("your royal preparation / Makes us hear something"), or **(c)** news of the enemy (ref. #114, p. 242, n. 59). Although ordinarily a choice would have to be made for the sake of the Latin pronoun's gender, it is unnecessary here because each of the three choices above happens to be neuter. In this scene, the translation has already used *tegmen* for "armor" and *aliquid* for "something", and, in other scenes, *nuntium* for "news". Furthermore, because the antecedent of "it" is debatable, the verb meaning "bring" must be broad enough to include the act of carrying something material as well as bearing something intangible; *afferre* is suitable for this purpose.

Act V, Scene 4

1   V.4.19   **"For where there is advantage to be given, / Both more and less have given him the revolt"**
Furness (ref. #5, pp. 327-328, n. 19) cites Johnson's emendation that whenever Macbeth's men have an "opportunity to be gone" ("advantage to be given"), they desert him. Steevens' reading of the passage basically agrees: "wherever an opportunity of flight is *given* them", they bolt. Other editors concur with the common spirit of these readings, if not with the letter. However, Brooke suggests this passage to mean that Macbeth's troops, whether of high or low rank, rebel whenever they might do their king good by staying with him (ref. #30, p. 202, n. 11-12). Sprague's interpretation is similar (ref. #5, p. 328, n. 19). In other words, soldiers of all ranks abandon Macbeth even when a chance to strengthen his position is given to them.

This passage in the text — whether it means that Macbeth's men flee whenever the opportunity to do arises, or whenever they have occasion to support him — follows logically from Malcolm's previous line, "'Tis his main hope". What he probably means is that Macbeth is hoping for a siege in order to keep his soldiers from running away yet again. This inference by Malcolm accords with Macbeth's earlier complaints in V.3 about disloyalty among his thanes: "let them fly all", "fly false thanes", and "the thanes fly from me". The Latin translation chooses the second of the two readings because it does not require emendation: the clause "where there is advantage to be given" can be equated directly to "whenever an advantage can be taken on his behalf".

Act V, Scene 5

1   V.5.21 **"She should have died hereafter; / There would have been a time for such a word"**

Hudson regards this line as an "indiscriminate use of *should* and *would*". Both he and Furness cite Arrowsmith's interpretation that Macbeth, having lost all sensitivity to horror, is impassive to the news of his wife's death. She would have died sometime anyway, he believes, and, naturally, he would have been told (ref. #97, p. 158, n. 4; ref. #5, p. 332, n. 22); as Heffernan puts it, the "word" is "bound by inescapable circumstance" (ref. #161, p. 11). Arrowsmith's reading segues smoothly into Macbeth's nihilistic soliloquy directly following ("Tomorrow, and tomorrow"), while echoing Lady Macbeth's earlier reminder to her husband that no one lives forever (see note 2 in III.2).

2   V.5.24 **"Creeps in this petty pace from day to day"**

In most interpretations of this line, "pace" refers to speed or step, with the days passing slowly, one after another. In fact, Beljame translates it as [s] *'avancent ainsi à petits pas de jour en jour* (ref. #123, p. 201) and Schlegel-Tieck as *Kriecht so mit kleinem Schritt von Tag zu Tag* (ref. #160, p. 344). Brooke, however, suggests "narrow passage" to be a logical disambiguation of "petty pace" in this context (ref. #30, p. 204, n. 20). Similarly, Heffernan sees in this soliloquy the "notion that all progress is preset on paths" (ref. #161, p. 3).

3   V.5.25 **"To the last syllable of recorded time"**

As Brooke opines (ref. #30, p. 204, n. 21), Shakespeare may be alluding to the "recording angel" who, on the Day of Reckoning, opens the book that records the deeds of all who are about to be judged. Michelangelo's *Last Judgment* in the Sistine Chapel depicts this angel showing the open book directly to the damned in order to prove to them that their punishment is just. The prolepsis here lies in the use of one participle, "recorded", to cover events that have already been recorded and those that will have been recorded by Judgment Day. Therefore, the Latin translation uses two participles as adjectives to "time": **(a)** the perfect passive participle for the already-recorded, and **(b)** the future passive participle for the yet-to-be-recorded (and inevitably so).

Act V, Scene 6

1   V.6.7   **"You, worthy uncle"**
Because Malcolm is addressing his uncle Seyward here as Mentieth referred to him earlier ("His uncle Seyward"; see note 1 in V.2), the Latin translation treats this instance of the word in the same way: Malcolm's maternal uncle, or *avunculus.*

2   V.6.8   **"with my cousin, your right noble son"**
To be consistent with *avunculus* (see note 1 in V.2 and note 1 in V.6), the Latin translation takes "cousin" here to mean the son of Malcolm's mother's brother. The chosen word, therefore, is *consobrinus* (ref. #170).

3   V.6.9   **"first battle"**
The Latin translation takes this to mean the van, *primum agmen*, rather than the first encounter of the war. See refs. #30 (p. 205, n. 5.6.4), #5 (p. 338, n. 9), #114 (p. 247, n. 5.6.4), #101 (p. 252, n. VI.4), and #97 (p. 160, n. 1). One example of the uses of this term appears in Caesar, *De Bello Civili*, 2.26: *in vestigio temporis primum agmen erat in conspectu.*

Act V, Scene 7 (Scenes 7 & 8 in Furness, ref. #5)

1   V.7.26   **"wretched kerns"**
See note 1 in I.2 ("kerns and galloglasses").

2   V.7.34   **"gently rendered"**
The Latin translation takes this to mean that the castle has been surrendered "readily" (ref. #101, p. 253, n. 24), "calmly" (ref. #114, p. 249, n. 25), or "courteously" (ref. #98, p. 381, n. 36). The adverb *comiter*, which Papadinis even mentions in the third citation, is the most suitable in the Latin lexicon by capturing the spirit common to all three readings.

3   V.7.39 **"We have met with foes / That strike beside us"**
This line is ambiguous. It refers to Macbeth's men, who either intentionally miss when they strike at Malcolm's troops, or defect to Malcolm. The Latin translation tries to stay literal in order to allow either interpretation: *ad latus nostrum*, which can mean either "in the direction of our side" or "at our side".

4   V.8.24 **"it hath cowed my better part of man"**
The phrase "better part of man" may refer to manliness (ref. #30, p. 208, n. 48) or to the "larger part" thereof (ref. #114, p. 250, n. 18), as Macbeth sees it. Waith (ref. #164, p. 265) contrasts Macbeth's reputation for bravery earlier in the play with his sudden apprehension at this moment, punctuated by Macduff's reply five lines later, "Then yield thee, coward". Consistent with Macbeth's change of heart, Guizot translates the line as *a subjugué la meilleure partie de moi-même* (ref. #104, p. 311), Beljame as *a abattu la meilleure partie de mon courage* (ref. #123, p. 211), and Schlegel-Tieck as *meine beste Mannheit schlägt sie nieder* (ref. #160, p. 347). However, because Shakespeare puts the determiner "my" directly before "better part of man", it makes sense to treat the latter as a compound noun, or "better-part-of-man", and to condense the clause into "hath cowed my manliness".

5   V.8.51 **"He only lived but till he was a man / The which no sooner had his prowess confirmed"**
Ross is saying that Siward the Younger has proven his "physical valor", or has lived out "the soldier's...ideal...of what it is to be a man" (ref. #164, p. 265). For the clause "till he was a man", therefore, the Latin translation uses the verb *adolescere* in the sense of "to reach manhood", while supplying the noun *virtus* for "manhood" as the antecedent of "the which".

6   V.8.68 **"They say he...paid his score"**
Beljame renders this as *a...payé sa dette* (ref. #123, p. 215), Guizot as *a payé ce qu'il devait* (ref. #104, p. 312), and Schlegel-Tieck as *zahlte seine Zeche* (ref. #160, p. 348). In each case, an obligation is involved, a sense that brings to mind the "soldier's debt" mentioned by Ross to Seyward earlier in this scene (V.8.50). The Latin translation employs the same noun and verb in the present passage as it does in the previous

passage (*debitum* and *persolvere*), because this repetition by Siward confirms in his own mind the nobility that Ross saw in his son's death, just as "paid his score" echoes "paid a soldier's debt".

7   V.8.84   **"planted newly with the time"**
This recalls the metaphor "I have begun to plant thee", which Duncan spoke to Macbeth in I.4.37. Accordingly, the Latin translation uses the same vocabulary in the two passages. Braunmuller suggests that with this line "the cycle of trust and betrayal renews itself" here at the end of the play (ref. #114, p. 254, n. 31-32).

BLIOGRAPHY
(REFERENCES INCLUDED)

OED = Oxford Dictionary of English. Angus Stevenson, ed. Oxford University Press, 2015. eISBN: 9780191727665.

CODEE = Concise Oxford Dictionary of English Etymology. T. F. Hoad, ed. Oxford University Press, 1996. Current online version, 2003. eISBN: 9780191727153.

This bibliography is arranged, not alphabetically, but by the order in which the works were consulted during the process of translation and revision. Any material accessed on line is cited with a persistent identifier, if the database has given one; otherwise, it is cited with a succinct URL. Public-domain materials accessed in Google Books are cited only with the database name "Google Books", because the URLs are long and less stable; any item in that database can be located by means of keywords.

1.   *Dictionarium Scoto-Celticum: A Dictionary of the Gaelic Language; comprising an ample vocabulary of Gaelic words...and vocabularies of Latin and English words.* Two volumes. The Highland Society of Scotland. Edinburgh: William Blackwood; London: T. Cadell, 1828. n2t.net/ark:/13960/t83j46p7s.

2.   *A Copious and Critical English-Latin Lexicon.* Joseph Esmond Riddle and Thomas Kerchever Arnold. New York: Harper & Brothers, 1864. n2t.net/ark:/13960/t1rf5q88d.

3.   *Genealogical Collections Concerning Families in Scotland by Walter Macfarlane, 1750-1751.* Vol. I. James Toshach Clark, ed. Edinburgh: University Press, 1900. n2t.net/ark:/13960/t6m06r514.

4.   *Shakespeare's Military World.* Paul A. Jorgensen. Berkeley: University of California Press, 1956 (reprinted 1973).

5.   *A New Variorum Edition of Shakespeare.* Vol. II. *Macbeth.* Horace Howard Furness, ed. Philadelphia: J. P. Lippincott, 1903. n2t.net/ark:/13960/t02z8x858.

6.   *The Manuscripts of Charles Haliday, Esq., of Dublin. Acts of the Privy Council in Ireland, 1556-1571.* Historical Manuscripts Commission: Fifteenth Report, Appendix, Part III. London: Eyre & Spottiswoode, 1897. n2t.net/ark:/13960/t0zp43k36.

7.   *A New and Copious Lexicon of the Latin Language.* F. P. Leverett, ed. Boston: J. H. Wilkins and J. B. Carter, and C. C. Little and James Brown, 1837. Google Books.

8.   *Rerum Scoticarum Historia.* George Buchanan. Edinburgh: Alexander Arbuthnet, 1582. Google Books. [English translation in ref. #116, and on line at the Philological Museum of the Shakespeare Institute of the University of Birmingham, edited by Dana F. Sutton. http://www.philological.bham.ac.uk/]

9.   *Scotorum Historiae.* Hector Boethius (Boece). Paris: Iodicus Badius Ascensius, 1526. Google Books. [English translation on line at the Philological Museum of the Shakespeare Institute of the University of Birmingham, edited by Dana F. Sutton. http://www.philological.bham.ac.uk/]

10.   *Historia Anglorum.* Henry of Huntingdon. Thomas Arnold, ed. London: Longman & Co., 1879. Google Books.

11.   *Glossarium Mediae et Infimae Latinitatis.* Charles du Fresne du Cange, P. Carpentier, G. A. L. Henschel, J. C. Adelung. Niort: L. Favre, 1883-1887. http://ducange.enc.sorbonne.fr/.

12.   *Orbis Sensualium Pictus.* J. A. Comenius. C. Hoole, trans. New York: T. & J. Swords, 1810. n2t.net/ark:/13960/t79s2656t.

13.   *The History of the Norman Conquest of England, Its Causes and Its Results.* Vol. II. *The Reign of Eadward the Confessor.* 2nd ed. Edward A. Freeman. Oxford: Clarendon Press, 1870. Google Books.

14.   *An Outline of the History and Development of Hand Firearms, from the Earliest Period to About the End of the Fifteenth Century.* Robert Coltman Clephan. London and Felling-on-Tyne: The Walter Scott Publishing Co., 1906. n2t.net/ark:/13960/t74t6n78c.

15. *Gods Parley With Princes: With an Appeale from Them to Him.* Thomas Gataker. London: Edward Griffin, 1620. Google Books.

16. *Imman. Joh. Gerhard Schellers ausführliches und möglichst vollständiges lateinisch-deutsches und deutsch-lateinisches Lexicon oder Wörterbuch.* Immanuel Johann Gerhard Scheller. Leipzig: Caspar Fritsch, 1784. Google Books.

17. *Historisk Tidsskrift.* Vol. 2. Norske Historiske Forening. Kristiania: P. T. Mallings Bogtrykkeri, 1872. n2t.net/ark:/13960/t6sx6c60d.

18. *Lectures on the History of the Church of Scotland from the Reformation to the Revolution Settlement.* Vol. 1. John Lee. William Lee, ed. Edinburgh: William Blackwood and Sons, 1860. Google Books.

19. *Transactions of the Society of Antiquaries of Scotland.* Vol. 2, Part 2. Edinburgh: Alex. Smellie, 1823. Google Books.

20. *The Register of the Great Seal of Scotland: A.D. 1620-1633.* John Maitland Thomson, ed. Edinburgh: H. M. General Register House, 1894. Google Books.

21. *Theatrum Orbis Terrarum sive Atlas Novus.* Pars Quinta. Ioannis Blaeu. Amstelaedamum: 1654. National Library of Scotland. https://maps.nls.uk/atlas/blaeu/.

22. *The Register of the Great Seal of Scotland: A.D. 1634-1651.* John Maitland Thomson, ed. Edinburgh: H. M. General Register House, 1897. Google Books.

23. *A Second Edition of Camden's Description of Scotland, Containing a Supplement of these Peers, or Lords of Parliament, who were Mentioned in the First Edition; and an Account of these since Raised to, and further Advanced in the Degrees of Peerage, until the Year 1694.* Edinburgh: Printed by the heirs and successors of Andrew Anderson, 1595 (*nb: "Anno DOM.* M.D.XCV." appears on title page; numeral should be "M.DC.XCV.", for 1695]. Google Books.

24. *Fides Regia Anglicana sive Annales Ecclesiae Anglicanae Ubi Potissimum Anglorum Catholica, Romana, et Orthodoxa Fides ab Anno Domini 800 ad 1066.* Tomus Tertius (Vol. 3). Michael Alford *aliàs* Griffith. Liège: Johannes Mathias Hovius, 1663. Google Books.

25. *Scriptores Rerum Danicarum Medii Aevi, Partim Hactendus Inediti, Partim Emendatius Editi, Quos Collegit, Adornavit, et Publici Juris Fecit Jacobus Langebek.* Tomus III (Vol. 3). Jacobus Langebek, ed. Copenhagen: With the type of the widow of Andreas Hartwig Godiche, by Friderich Christian Pelt; and Leipzig: At the shop of Friderich Christian Pelt, Royal Booksellers at the University of Copenhagen, 1774. Google Books.

26. *An Edition of Nostell Priory Cartulary: London, British Library, Cotton Vespasian E XIX.* Judith A. Frost, ed. Doctoral dissertation. University of York, 2005. White Rose eTheses Online.

27. *Imman. Joh. Gerhard Schellers ausführliches und möglichst vollständiges deutsch-lateinisches Lexicon oder Wörterbuch zür Übung in der lateinischen Sprache.* Immanuel Johann Gerhard Scheller. Leipzig: Caspar Fritsch, 1789. Google Books.

28. *Nova Acta Eruditorum.* Leipzig: For sale at the shop of Moritz Georg Weidemann, Johann Friedrich Gleditsch, and heirs of B. Lanckish, 1742. Google Books.

29. *Der Teutschen Sprache Stammbaum und Fortwachs, oder Teutscher Sprachschatz.* Kaspar von Stieler. Nuremberg: Published at the expense of Johann Hofmann, Bookseller and Art Dealer: Printed in Altdorf by Heinrich Meyer, University Printer, 1691. Google Books.

30. *The Tragedy of Macbeth.* William Shakespeare. Nicholas Brooke, ed. Oxford: Oxford University Press, 1990.

31. *We Three: The Mythology of Shakespeare's Weird Sisters.* Laura Annawyn Shamas. New York: Peter Lang, 2007.

32. "The Materiality of the Shakespearean Text". Margreta de Grazia and Peter Stallybrass. *Shakespeare Quarterly*, 1993, vol. 44, no. 3, pp. 255-283. doi.org/10.2307/2871419.

33. *Dizionario di abbreviature latine ed italiane.* Adriano Cappelli. Milano: Ulrico Hoepli, 1899.

34. *The Register of the Great Seal of Scotland: A.D. 1424-1513.* James Balfour Paul, ed. Edinburgh: H. M. General Register House, 1882. Google Books.

35. *Annales rerum Anglicarum, et Hibernicarum, regnante Elizabetha, ad annum salutis M. D. LXXXIX.* William Camden. London: In the type of William Stansby, published at the expense of Simon Waterson, at the sign of the Crown in Paul's Churchyard, 1615. Google Books.

36. *Latin Forms of Address from Plautus to Apuleius.* Eleanor Dickey. Oxford: Oxford University Press, 2002.

37. *Dictionnaire illustré latin-français.* Félix Gaffiot. Paris: Librairie Hachette, 1934. n2t.net/ark:/13960/t3zs49j90.

38. *Dizionario latino-italiano.* C. E. Georges. Ferruccio Calonghi, trans. Torino: Rosenberg & Sellier, 1898.

39. "The Multicolored World of the Romans". Rachael B. Goldman. *Glotta*, 2015, Bd. 91, pp. 90-111. jstor.org/stable/24368210.

40. *Döderlein's Hand-Book of Latin Synonyms.* 2nd ed., revised. Rev. H. H. Arnold, trans. London: Francis & John Rivington, 1852. Google Books.

41. *Dictionary of Latin Synonymes.* Lewis Ramshorn. Francis Lieber, trans. Boston: Charles C. Little and James Brown, 1841. Google Books.

42. *Latin Synonyms.* 3rd ed. M. J. B. Gardin Dumesnil. Rev. J. M. Gosset, trans. London: George B. Whitaker; Baldwin, Cradick & Joy; J. Duncan; J. Cuthell; J. Nunn, 1825. Google Books.

43.   "'Furor' as Failed 'Pietas': Roman Poetic Constructions of Madness through the Time of Virgil". Emily A. McDermott. In *The Concept of Madness from Homer to Byzantium: Manifestations and Aspects of Mental Illness and Disorder*, H. Perdicoyanni-Paléologou, ed., pp. 191-244. Amsterdam: Hakkert Editore, 2016. http://scholarworks.umb.edu/classics_faculty_pubs/24/.

44.   *Dream, Fantasy, and Visual Art in Roman Elegy*. Emma Scioli. Madison, Wisconsin: The University of Wisconsin Press, 2015.

45.   *Getting It Wrong: The Mediaeval Epistemology of Error*. G. R. Evans. Leiden, The Netherlands: Brill, 1998.

46.   *The Pillar and Ground of the Truth: An Essay in Orthodox Theodicy in Twelve Letters*. Pavel Florensky. Boris Jakim, trans. Princeton, New Jersey: Princeton University Press, 1997.

47.   *Author and Audience in Vitruvius'* De Architectura. Marden Fitzpatrick Nichols. Cambridge, United Kingdom: Cambridge University Press, 2017.

48.   "The 'Gentleman' as the Romans Knew Him". William Charles Korfmacher. *The Classical Weekly*, 1946, vol. 39, no. 18, pp. 138-141. jstor.org/stable/4342230.

49.   "Geometric Methods of the 1500s for Laying Out the Ionic Volute". Denise Andrey and Mirko Galli. *Nexus Network Journal*, 2004, vol. 6, no. 2, pp. 31-48. doi.org/10.1007/s00004-004-0017-4.

50.   *Dr. Richard Bentley's Dissertations Upon the Epistles of Phalaris, Themistocles, Socrates, Euripides, and Upon the Fables of Aesop*. Wilhelm Wagner, ed. Berlin: S. Calvary and Co., 1874. Google Books.

51.   *Vitruvius on Architecture*. Vol. I. Frank Granger, ed., trans. London: William Heinemann Ltd., 1931. n2t.net/ark:/13960/t7rn38f1v.

52.   *M. Vitruvii Pollionis Architectura: textu ex recensione codicum emendato cum exercitationibus notisque novissimis Joannis Poleni et commentariis variorum additis nunc primum studiis Simonis*

Stratico. Vol. II, part I. Utini, Italy: Apud Fratres Mattiuzzi, 1827. n2t.net/ark:/13960/t3hx43c27.

53. *Christophori Clavii Bambergensis e Societate Iesu Operum Mathematicorum*. Tomus Quartus (Vol. 4). Christophori Clavii Bambergensis e Societate Iesu (Christopher Clavius of Bamberg, from the Society of Jesus). Mainz: Published at the expense of Anton Hierat, printed by Johannes Volmari, 1612. Google Books.

54. *Andreae Tacquet Societatis Jesu Trigonometria Plana nec non Trigonometria Sphaerica Rogerii Boscovich Ejusdem Societatis Jesu, et Sectiones Conicae Guidonis Grandi cum Amplissimis Annotationibus, & Additamentis Octaviani Cameti*. Tomus Secundus (Vol. 2). André Tacquet. Venice: Ex Typographia Remondiniana, 1762. Google Books.

55. *Jacobi Bernoulli Basileensis Opera*. Tomus Secundus (Vol. 2). Jacob Bernoulli of Basel. Geneva: Published at the expense of the Cramer heirs and the Philibert brothers, 1744. Google Books.

56. *C. Cornelii Taciti Opera. Recognovit, emendavit, supplementis explevit, notis dissertationibus, tabulis geographicis illustravit Gabriel Brothier*. Tomus Quartus (Vol. 4). Paris: In the type of Louis-François Delatour, 1771. Google Books.

57. "Origine de la Boussole II: Aimant et Boussole". Li Shu-hua. *Isis*, 1954, vol. 45, no. 2, pp. 175-196. jstor.org/stable/227361.

58. *The Philosophical Transactions of the Royal Society of London, from Their Commencement, in 1665, to the Year 1800; Abridged, with Notes and Biographic Illustrations by Charles Hutton...George Shaw...Richard Pearson*. Vol. 4, from 1694 to 1702. London: C. and R. Baldwin, 1809. Google Books.

59. *A Dictionary of the English Language*. Samuel Johnson. London: 1755.

60. *Guilielmi Gilberti Colcestrensis, Medici Londinensis, de Magnete Magneticisque Corporibus, et de Magno magnete tellure*. Guilielmus Gilbertus (William Gilbert). London: Peter Short, 1600. Library of Congress. lccn.loc.gov/04001021.

61. *William Gilbert of Colchester, Physician of London, on the Loadstone and Magnetic Bodies and on the Great Magnet of the Earth.* P. Fleury Mottelay, trans. New York: John Wiley & Sons, 1893. n2t.net/ark:/13960/t3st7g821.

62. *Mémoires pour l'Histoire des Sciences et beaux-Arts.* Published at Trévoux. Gallica. https://gallica.bnf.fr/ark:/12148/cb32813492j.

63. *Thormodi Torfaei Historiae Rerum Norvegicarum Pars Quarta, Continens, ab Initio Regni Sverreris, Usque ad Regnorum Daniae et Norvegiae sub Regina Margareta, Conjunctionem, Acciderunt.* Thormodus Torfaeus. Copenhagen: In the type of Joachim Schmitgenius, 1711. Google Books.

64. *Thesaurus Linguae Latinae Compendiarius: or, a Compendious Dictionary of the Latin Tongue: Designed chiefly for the Use of the British Nations.* Vol. I., 4th ed. Robert Ainsworth. William Young, ed. London: W. Mount *et al.*, 1752. Google Books.

65. *Vergiliana: Critical Studies on the Texts of Publius Vergilius Maro.* Egil Kraggerud. Abingdon, Oxon: Routledge, 2017.

66. *Aeneid: Book 6.* Vergil. Patricia A. Johnston, ed. Indianapolis: Focus Publishing – Hackett Publishing Company, 2012.

67. *Latin Lexicon of Ghosts.* A. Guzmán Almagro. International Federation of Associations of Classical Studies, 14th Congress, 2014. Academia. https://www.academia.edu/8151911/Latin_Lexicon_on_ghosts_FIEC_Conference_2014.

68. "Telling Tales of Wonder: *Mirabilia* in the *Letters* of Pliny the Younger". Margot Neger. In *Recognizing Miracles in Antiquity and Beyond*, Maria Gerolemou, ed., pp. 179-204. Berlin/Boston: Walter de Gruyter, 2018.

69. "Visual Imagination in Religious Persuasion: Mental Imagery in Caesarius of Heisterbach's *Dialogus Miraculorum* (VIII, 31)". Marie Formarier. Natasha Romanova, trans. In *The Art of Cistercian Persuasion in the Middle Ages and Beyond: Caesarius of Heisterbach's* Dialogue on Miracles *and Its Reception*, V. Smirnova,

M. A. P. de Beaulieu, J. Berlioz, eds., pp. 97-117. Leiden/Boston: Brill, 2015.

70. *On the Nature of the Universe.* Lucretius. R. E. Latham, trans. John Godwin, ed. London: Penguin Books, 1994.

71. *De Rerum Natura: The Latin Text of Lucretius.* W. E. Leonard and S. B. Smith, eds. Madison, Wisconsin: University of Wisconsin Press, 1970.

72. *Ovid's Metamorphoses, Translated into English Prose; with the Latin Text and Order of Construction on the Same Page.* 5th ed., Corrected. London: Printed for G. and W. B. Whittaker, J. Nunn...and G. Mackie. 1822. n2t.net/ark:/13960/t0rr1tj53.

73. "The *Lemuria*: State Level 'Magic' in the First Century A.D.?" Rachel Meadows. In *Religion and Belief: A Moral Landscape*, M. Heath, C. T. Green, F. Serranito, eds., pp. 111-128. Newcastle upon Tyne: Cambridge Scholars Publishing, 2014.

74. *Pomponii Porphyrionis Commentarii in Q. Horatium Flaccum, Recensuit Gulielmus Meyer Spirensis* (Wilhelm Meyer of Speyer, ed.). Leipzig: B. G. Teubner, 1874. n2t.net/ark:/13960/t1tf1fc8j.

75. "The Roman *Manes*: The Dead as Gods". Charles W. King. In *Rethinking Ghosts in World Religions*, Mu-chou Poo, ed., pp. 95-114. Leiden: Brill, 2009.

76. *Quintus Curtius: His History of the Wars of Alexander.* Vol. I. John Digby, trans. London: Printed by W. B. for Bernard Lintott, 1714. n2t.net/ark:/13960/t89g81v08.

77. *Cicero in Twenty-Eight Volumes.* III. *De Oratore in Two Volumes.* I. Books I, II. E. W. Sutton, trans. Cambridge, Massachusetts: Harvard University Press, 1967. n2t.net/ark:/13960/t07x6mb7v.

78. *The Natural History of Pliny.* Vol. III. John Bostock and H. T. Riley, trans. London: Henry G. Bohn, 1855. n2t.net/ark:/13960/t03z1rm0x.

79. *The Natural History of Pliny.* Vol. V. John Bostock and H. T. Riley, trans. London: Henry G. Bohn, 1856. n2t.net/ark:/13960/t5w69zj0g.

80. "'Wrought with things forgotten': memory and performance in editing *Macbeth*". Michael Cordner. In *Shakespeare, Memory and Performance.* Peter Holland, ed., pp. 87-116. Cambridge, United Kingdom: Cambridge University Press, 2006.

81. *An Enquiry Into the History of Scotland Preceding the Reign of Malcom III. or the Year 1056. Including the Authentic History of That Period.* Vol. I. John Pinkerton. London: Printed by John Nichols, 1794. n2t.net/ark:/13960/t72v2vz6h.

82. "Studies in Roman Theater Design". David B. Small. *American Journal of Archaeology*, 1983, vol. 87, no. 1, pp. 55-68. jstor.org/stable/504664.

83. *Roman Theaters: An Architectural Study.* Frank Sear. Oxford, United Kingdom: Oxford University Press, 2006.

84. *Queen Anna's New World of Words or Dictionarie of the Italian and English Tongues.* John Florio. London: Printed by Melch. Bradwood for Edw. Blount and William Barret, 1611. n2t.net/ark:/13960/t27b1dk8s.

85. *A Dictionary of the Bible Dealing With Its Language, Literature, and Contents, Including the Biblical Theology.* Vol. I. James Hastings, ed. New York: Charles Scribner's Sons, 1911. n2t.net/ark:/13960/t7tn0m51w.

86. *A Dictionary of the Bible Dealing With Its Language, Literature, and Contents, Including the Biblical Theology.* Vol. II. James Hastings, ed. New York: Charles Scribner's Sons, 1911. n2t.net/ark:/13960/t9h453x30.

87. "Reading Between the Sheets: Letters in Shakespearean Tragedy". Lisa Hopkins. *Critical Survey*, 2002, vol. 14, no. 3, pp. 5-13. doi.org/10.3167/001115702782351980.

88. *Dictionary of Idiomatic English Phrases.* James Main Dixon. London: T. Nelson & Sons, 1891. n2t.net/ark:/13960/t2799qc71.

89. *Macbeth.* William Shakespeare. Kenneth Muir, ed. The Arden Edition of the Works of William Shakespeare, 2nd Series. London: A & C Black, printed 1997.

90. "'Be bloody, bold, and resolute': Tragic Action and Sexual Stereotyping in *Macbeth*". Carolyn Asp. *Studies in Philology*, 1981, vol. 78, no. 2, pp. 153-169. jstor.org/stable/4174071.

91. *Tragic Form in Shakespeare.* Ruth Nevo. Princeton: Princeton University Press, 1972.

92. "'A Strange Infirmity': Lady Macbeth's Amenorrhea". Jenijoy La Belle. *Shakespeare Quarterly*, 1980, vol. 31, no. 3, pp. 381-386. doi.org/10.2307/2869201.

93. *The byrth of mankynde, otherwyse named the womans booke.* Thomas Raynold. Imprynted at London by Tho. Ray.: 1545. Library of Congress. lccn.loc.gov/30001732.

94. *The Genealogy of Gynaecology.* 2nd ed. James V. Ricci. Philadelphia: The Blakiston Company, 1950.

95. *Glossarium Eroticum Linguae Latinae.* P. P. (Pierre-Emmanuel Pierrugues). Paris: Apud Aug.-Fr. et Pr. Dondey-Dupré, Bibliopolas (at the shop of Aug.-Fr. and Pr. Dondey-Dupré, Booksellers), 1826. n2t.net/ark:/13960/t2x360q7t.

96. *Syntagma Musicum* [*Syntagmatis Musici Michaelis Praetorii C. Tomus Secundus*]. Vol. II. *De Organographia.* Michael Praetorius. Wolffenbüttel [*sic*]: Buchdruckerei Elias Holwein, 1619. n2t.net/ark:/13960/t7rn4cf1g.

97. *Macbeth.* William Shakespeare. Henry N. Hudson, ed. Boston: Ginn & Heath, 1879. Google Books.

98. *The Tragedie of Macbeth: A Frankly Annotated First Folio Edition.* William Shakespeare. Demitra Papadinis, ed. Jefferson, North Carolina: McFarland & Company, 2012.

99.   *Naturalis Historiae*. Vol. II. Gaius Plinius Secundus (Pliny). Julius Sillig, ed. Leipzig: B. G. Teubner and F. Claudius, 1832. Google Books.

100.   *Pliny: Natural History*. Vol. III. H. Rackham, trans. Cambridge, Massachusetts: Harvard University Press, 1967.

101.   *Shakespeare's Tragedy of Macbeth*. William J. Rolfe, ed. New York: Harper & Brothers, 1892. https://hdl.handle.net/2027/mdp.39015035382558.

102.   *A Parallel of the Antient Architecture with the Modern, in a Collection of Ten Principal Authors Who Have Written Upon the Five Orders*. Roland Freart, Sieur de Chambray. John Evelyn, Esq., trans., ed. London: Printed by Tho. Roycroft for John Place, 1664. n2t.net/ark:/13960/t8qc6j152.

103.   *An Illustrated Dictionary of the Words Used in Art and Archaeology*. J. W. Mollett. London: Sampson Low, Marston, Searle, and Rivington, 1883. n2t.net/ark:/13960/t5r81p11b.

104.   *Oeuvres Complètes de Shakspeare*. Vol. II. M. Guizot, trans. Paris: Didier et Ce Libraires-Éditeurs, 1860. n2t.net/ark:/13960/t6834g36h.

105.   *A New Latin Dictionary*. Charlton T. Lewis and Charles Short, eds. New York: Harper & Brothers, Publishers, 1891.

106.   *Brain Renaissance: From Vesalius to Modern Neuroscience*. Marco Catani and Stefano Sandrone. New York: Oxford University Press, 2015.

107.   *The Encyclopaedia Britannica: A Dictionary of Arts, Sciences, Literature and General Information*. 11th ed. New York: Encyclopaedia Britannica, Inc., 1910. https://hdl.handle.net/2027/nnc1.cu06904823.

108.   *Roman Manhood at the End of the Ancient World*. Mark Anthony Masterson. Doctoral dissertation. University of Southern California, 2001. http://doi.org/10.25549/usctheses-c16-102703.

109.   *Pliny the Elder on Science and Technology.* John. F. Healy. New York: Oxford University Press, 1999.

110.   *No Regrets: Remorse in Classical Antiquity.* Laurel Fulkerson. Oxford: Oxford University Press, 2013.

111.   *A Dictionary of the Language of Shakespeare.* Swynfen Jervis. London: John Russell Smith, 1868. n2t.net/ark:/13960/t6737181s.

112.   "The Synthesis of the Romans". Ethel Hampson Brewster. *Transactions and Proceedings of the American Philological Association,* 1918, vol. 49, pp. 131-143. jstor.org/stable/282999.

113.   *Sexual Morality in Ancient Rome.* Rebecca Langlands. New York: Cambridge University Press, 2006.

114.   *Macbeth.* William Shakespeare. A. R. Braunmuller, ed. New York: Cambridge University Press, 2008.

115.   *History of Inventions and Discoveries.* 2nd ed. Vol. 2. John Beckmann. William Johnston, trans. London: Printed for J. Walker and Co., J. Faulder...and J. Bell, 1814. n2t.net/ark:/13960/t1jh3p863.

116.   *The History of Scotland Written in Latin, by George Buchanan. Faithfully Rendered into English.* Translator anonymous. J. Fraser, ed. London: Printed by Edw. Jones, 1690. ProQuest. Document #2240952621.

117.   *Patrons and Patron Saints in Early Modern English Literature.* Alison A. Chapman. New York: Routledge, 2013.

118.   *The Life of Saint Columba (Columb-Kille) A.D. 521-597: Founder of the Monastery of Iona and First Christian Missionary to the Pagan Tribes of North Britain.* Saint Adamnan. Wentworth Huyshe, trans. London: George Routledge & Sons, Ltd., 1905. n2t.net/ark:/13960/t1zc8k825.

119.   "'Sirrah, What's Thy Name?': The Genesis of Shakespeare's *Sirrah* in Relation to *Sir* and *Sire* in Late Middle and Early Modern

English." Manfred Markus. *English Studies*, 2015, vol. 96, no. 2, pp. 191-203. doi.org/10.1080/0013838X.2014.983779.

120. *The Dog Book.* Vol. I. James Watson. New York: Doubleday, Page & Company, 1906. Google Books.

121. "The Dynamics of *Fastidium* and the Ideology of Disgust". Robert A. Kaster. *Transactions and Proceedings of the American Philological Association*, 2001, vol. 131, pp. 143-189. jstor.org/stable/20140968.

122. *"Squashing the 'shard-borne Beetle' Crux: A Hard Case with a Few Pat Readings".* Timothy Billings. *Shakespeare Quarterly*, 2005, vol. 56, no. 4, pp. 434-447. jstor.org/stable/3844267.

123. *Macbeth.* William Shakespeare. Alexandre Beljame, trans. Paris: Librairie Hachette et Cie, 1897. https://hdl.handle.net/2027/hvd.32044086741634.

124. *Macbeth.* William Shakespeare. Samuel Johnson, George Steevens, Isaac Reed, eds. London: Mathews and Leigh, 1807. Google Books.

125. "Eighteenth-Century Shakespeare: Samuel Badcock, a Would-Be Editor". Antonia Forster. *Shakespeare Quarterly*, 1993, vol. 44, no. 1, pp. 44-53. doi.org/10.2307/2871171.

126. "Macbeth's 'Baby of a Girl'". R. C. Bald. *The Shakespeare Association Bulletin*, 1949, vol. 24, no. 3, pp. 220-222. jstor.org/stable/23675030.

127. "'Goblins, owles and sprites': Discerning early-modern English preternatural beings through collocational analysis". Michael Ostling and Richard Forest. *Religion*, 2014, vol. 44, no. 4, pp. 547-572. doi.org/10.1080/0048721X.2014.886631.

128. "The Original Music to Middleton's *The Witch*". John P. Cutts. *Shakespeare Quarterly*, 1956, vol. 7, no. 2, pp. 203-209. doi.org/10.2307/2866439.

129.   "The Dejeune Champêtre". In *The Spirit of the Public Journals for 1811: Being An Impartial Selection of the Most Ingenious Essays and Jeux d'Esprits That Appear in the Newspapers and Other Publications*, vol. XV, pp. 255-259. London: Printed for James Ridgway, 1812. Google Books.

130.   "'*Le Roman de Pussie Chat*': A Tale of Ye Olden Times par Henrique (Old Man) Ringtail, Carefully, faithfully and accurately translated from the original Sanscrit by Frederick Rogers". In *Nonsense: Being Certain Tales Told By a Father to His Children in 'The Children's Hour'*. Vol. IV. Detroit, Michigan: American Publishing Co., 1900, pp. 45-98. Google Books.

131.   *The British Broadside Ballad and Its Music*. Claude M. Simpson. New Brunswick, New Jersey: Rutgers University Press, 1966.

132.   *Shakespeare's Sexual Language: A Glossary*. Gordon Williams. London: Continuum, 1997.

133.   *A Dictionary of Greek and Roman Antiquities*. 3rd ed. Two volumes. William Smith, William Wayte, and G. E. Marindin, eds. London: John Murray, 1890-1891. Google Books.

134.   "New Readings in Shakespeare — No. III". In *Blackwood's Edinburgh Magazine*, vol. LXXIV, Jul.-Dec., 1853 (pp. 451-474, issue no. CCCCLVI, Oct., 1853). Edinburgh: William Blackwood & Sons. https://hdl.handle.net/2027/uc1.b5227798.

135.   *Notes and Emendations to the Text of Shakespeare's Plays from Early Manuscript Corrections in a Copy of the Folio, 1632*. John Payne Collier, ed. London: Whittaker and Co., 1853. n2t.net/ark:/13960/t4zg74t6c.

136.   *Johannis de Fordun Chronica Gentis Scotorum*. In *The Historians of Scotland*, vol. I. William F. Skene, ed. Edinburgh: Edmonston and Douglas, 1871. n2t.net/ark:/13960/t7cs4sf6t.

137.   "New Interpretations of the Folio Texts in Macbeth [*sic*]". Homer B. Sprague. *Education*, May, 1887, vol. VII, no. 9, pp. 640-642. Google Books.

138.	*Vergil's Aeneid: Books I-VI.* Vergil. Clyde Pharr, ed. Lexington, Massachusetts: D. C. Heath and Company, 1964.

139.	"Lady Macbeth: A Psychological Sketch". Robert Munro. *Journal of Speculative Philosophy*, 1887, vol. 21, no. 1, pp. 30-36. jstor.org/stable/25668126.

140.	"Of Macbeth, Martlets and 'Other Fowles of Heauen'". Peter Daly. *Mosaic: An Interdisciplinary Critical Journal*, 1978, vol. 12, no. 1, pp. 23-46. jstor.org/stable/24777109.

141.	*Chambers's English Dictionary, Pronouncing, Explanatory, and Etymological, with Vocabularies of Scottish Words and Phrases, Americanisms, &c.* James Donald, ed. London: W. & R. Chambers, Ltd., 1893. https://hdl.handle.net/2027/uc1.31210000870368.

142.	*Encyclopaedia Metropolitana, or, Universal Dictionary of Knowledge.* Vol. XXIV. Edward Smedley, Hugh James Rose, and Henry John Rose, eds. London: B. Fellowes, F. and J. Rivington...and J. J. Deighton, Cambridge, 1845. n2t.net/ark:/13960/t76t54x10.

143.	*Roman Life and Manners Under the Early Empire by Ludwig Friedländer.* Vol. IV. Appendices and Notes (from the Sixth Edition) by A. B. Gough. London: George Routledge & Sons, 1913. Google Books.

144.	*Beware of That Cup! The Role of Food-Tasters in Ancient Society.* Chelsea Johnston. Master of Arts Thesis. University of Otago, 2013. https://ourarchive.otago.ac.nz/handle/10523/4816.

145.	*The Mirage of Two Buried Cities.* John F. Horne. London: Hazell, Watson, and Viney, 1900. Google Books.

146.	"*Macbeth* — Two Notes". Part 1, "The bank and school of time", A. P. Riemer. Part 2, "Thou sour and firm-set earth", Ann Parker. *Sydney Studies in English*, 1979, vol. 5, pp. 96-104.

147.   "Looking Up and Looking Down — Shakespeare's Vertical Audience". Derek Peat. *Shakespeare Quarterly*, 1984, vol. 35, no. 5, pp. 563-570. jstor.org/stable/2870061.

148.   "Insurgents and Survivors: The Language of a Colonial Culture". G. A. Wilkes. *Proceedings,* Australian Academy of the Humanities, 1980-1981, vol. 11, pp. 102-113.

149.   *New Illustrations of the Life, Studies, and Writings of Shakespeare.* Vol. 2. Joseph Hunter. London: J. B. Nichols and Son, 1845. Google Books.

150.   *Macbeth.* In *The Works of Mr. William Shakespear; in Six Volumes.* Vol. 5. N. Rowe, ed. London: Printed for Jacob Tonson, 1709. Google Books.

151.   *Macbeth.* In *The Pictorial Edition of the Works of Shakspere.* 2nd ed. Tragedies Vol. 2. Charles Knight, ed. London: George Routledge & Sons, 1867. Google Books.

152.   "'Twere Best not Know Myself: Othello, Lear, Macbeth". Robert B. Heilman. *Shakespeare Quarterly*, 1964, vol. 15, no. 2, pp. 89-98. doi.org/10.2307/2867880.

153.   "Is the part of Hecate in 'Macbeth' Shakespeare's?" W. J. Rolfe. *Poet-Lore*, 1899, vol. 11, pp. 602-605. Google Books.

154.   *The Life of St. Columba, Founder of Hy.* Adamnan. William Reeves, ed. Dublin: Printed at the University Press for the Irish Archaeological and Celtic Society, 1857. n2t.net/ark:/13960/t4zg6hm2x.

155.   *Scriptores Rerum Danicarum Medii Aevi.* Tomus IX (Vol. 9). Jacobus Langebek, ed. Copenhagen: 1878. Google Books.

156.   *A Shakespearian Grammar: An Attempt to Illustrate Some of the Differences Between Elizabethan and Modern English.* E. A. Abbott. London: Macmillan and Co., 1870. n2t.net/ark:/13960/t8rb6xh5v.

157. *A Study of Fairy Tales*. Laura F. Kready. Boston: Houghton Mifflin Company, 1916. Google Books.

158. *A Compendious Anglo-Saxon and English Dictionary*. Joseph Bosworth. London: John Russell Smith, 1848. n2t.net/ark:/13960/t9k35zr98.

159. *On the Received Text of Shakespeare's Dramatic Writings and Its Improvement*. Samuel Bailey. London: Longman, Green, Longman, and Roberts, 1862. Google Books.

160. *Macbeth*. In *Shakspeare's dramatische Werke*, vol. 9. August Wilhelm von Schlegel and Ludwig Tieck, trans. Berlin: G. Reimer, 1833. n2t.net/ark:/13960/t76t0v84q.

161. "'Beyond this ignorant present': the poverty of historicism in *Macbeth*". Julián Jiménez Heffernan. *Palgrave Communications*, 2016, **2**:16054. doi.org/10.1057/palcomms.2016.54.

162. "'Nature's Copy', 'Great Bond', and 'Lease of Nature' in *Macbeth*". Matti Rissanen. *Neuphilologische Mitteilungen*, 1969, vol. 70, no. 4, pp. 714-723. jstor.org/stable/43342443.

163. *The Fourth Part of the Institutes of the Laws of England*. Edw. Coke. London: Printed by M. Flesher for W. Lee and D. Pakeman, 1644. Google Books.

164. "Manhood and Valor in Two Shakespearean Tragedies". Eugene M. Waith. *ELH*, 1950, vol. 17, no. 4, pp. 262-273. doi.org/10.2307/2872050.

165. *Dictionary of Medical Vocabulary in English, 1375-1550: Body Parts, Sicknesses, Instruments, and Medicinal Preparations*. Juhani Norri. Abingdon, Oxon: Routledge, 2016.

166. "The Archaeology of Chemistry". R. G. W. Anderson. In *Instruments and Experimentation in the History of Chemistry*. Frederic L. Holmes and Trevor H. Levere, eds., pp. 5-34. Cambridge, Massachusetts: The MIT Press, 2000.

167. *Octavii Ferrarii Electorum Libri Duo Accesserunt Epistolae & Inscriptiones.* Ottavio Ferrari. Padua: Typis Petri Mariae Frambotti Bibliopolae (in the type of Pietro Maria Frambotti, Bookseller), 1679. Google Books.

168. "Plural pronouns and social deixis in Latin: a pragmatic development". Piera Molinelli. *Studi e Saggi Linguistici*, 2015, vol. 53, no. 2, pp. 65-88.

169. "Some considerations on Latin geographical epithets in binomials". Bruno Manara. *Taxon*, 1992, vol. 41, no. 3, pp. 524-528. doi.org/10.2307/1222825.

170. "*Consobrinus* and Cousin". Archie C. Bush. *The Classical Journal*, Dec. 1972 - Jan. 1973, vol. 68, no. 2, pp. 161-165. jstor.org/stable/3295831.

171. *Macbeth, A Tragedy: With all the Alterations, Amendments, and New Songs. As it is now Acted at the Dukes Theatre.* William Shakespeare and William Davenant. London: Printed for A. Clark, 1674. n2t.net/ark:/13960/t85j2wn5h.

About the Translator

By profession, Mark D. Ball is a scientist at an academic medical center and, by avocation, a lifelong student of the Latin language. He has taught postsecondary chemistry and biochemistry, authored a textbook on laboratory mathematics, and served as a specialist translator of French and Italian scientific papers. Outside his professional work, he is a pianist and an active advocate for classical music. His home is Chicago, Illinois.

9 780578 303277